安徽省地方标准

公路工程施工作业人员安全操作规程

Safety Operation Rules for Highway Engineering Construction Workers

DB 34/T 1740—2012

人民交通出版社
China Communications Press

图书在版编目(CIP)数据

公路工程施工作业人员安全操作规程 / 安徽省交通建设工程质量监督局主编. —北京:人民交通出版社, 2013.5

ISBN 978-7-114-10558-6

Ⅰ.①公… Ⅱ.①安… Ⅲ.①道路施工—安全操作规程 Ⅳ.①U415.12

中国版本图书馆 CIP 数据核字(2013)第 076000 号

安徽省地方标准

书　　名:**公路工程施工作业人员安全操作规程**

著 作 者:安徽省交通建设工程质量监督局.

责任编辑:韩亚楠　崔　建

出版发行:人民交通出版社

地　　址:(100011)北京市朝阳区安定门外外馆斜街 3 号

网　　址:http://www.ccpress.com.cn

销售电话:(010)59757973

总 经 销:人民交通出版社发行部

经　　销:各地新华书店

印　　刷:北京市密东印刷有限公司

开　　本:880×1230　1/16

印　　张:6.25

字　　数:120 千

版　　次:2013 年 5 月　第 1 版

印　　次:2013 年 5 月　第 1 次印刷

书　　号:ISBN 978-7-114-10558-6

定　　价:36.00 元

前　　言

为加强公路工程施工安全管理，规范施工作业人员行为，保障施工安全，特制定本规程。

本标准的编制借鉴了目前使用的国家及其他行业的相关标准、规程，结合安徽省公路工程施工安全生产管理的经验，按照 GB/T 1.1—2009 给出的规则起草。

本标准包含了公路工程施工的共用工种和路基路面、桥梁、隧道、交通工程等专业常用的工种，未包含的工种按照国家和行业有关规定执行。

本标准适用于公路工程施工作业人员安全作业和施工单位、工程监理单位、建设单位、质量监督部门安全生产管理、监督检查。

本标准由安徽省交通运输厅提出并归口。

主编单位：安徽省交通建设工程质量监督局

参编单位：交通运输部科学研究院

主要起草人员：殷治宁　熊才启　周基群　周正鸣　马贤贵　康家鼎
吕东旭　赵文好　徐洪海　关怡多　史　晶　田　林

目　　录

1 总则

本规程规定了路基路面工程、桥梁工程、隧道工程和交通工程及共用工种施工作业时的安全操作规程。

本规程适用于公路工程新建、改建和扩建的公路工程施工的作业人员。

本规程未纳入的公路工程施工工种，遵守相关的安全操作规程。

2 规范性引用文件

下列文件对于本文件的应用是必不可少的。凡是注日期的引用文件,仅所注日期的版本适用于本文件。凡是不注日期的引用文件,其最新版本(包括所有的修改单)适用于本文件。

GB 5972 起重机 钢丝绳 保养、维护、安装、检验和报废

GB 6722 爆破安全规程

GB/T 12552 产业潜水最大安全深度

3 基本要求

3.0.1 遵守国家、行业和安徽省现行有关法律法规、标准规范和规章制度，以及施工现场的安全生产制度。掌握所从事工种的操作规程、工程的安全施工组织设计（施工方案）和安全技术交底。在安全区域内或安全范围内操作。服从指挥，协调配合，思想集中，坚守岗位。

3.0.2 患有妨碍相应工种作业的疾病和缺陷的人员不得从事相应工种作业。服用镇静药物者不得操作机械设备。

3.0.3 作业人员应经过岗位和安全教育培训，掌握本工种技能和安全生产知识；新工人或转岗工人应经进场或转岗培训，考核合格后方可上岗；实习期间应在有经验的工人带领下进行作业，带领时间不少于3个月。

3.0.4 从事电气、起重、登高架设、锅炉、压力容器、焊接、爆破等国家规定的特种作业人员应取得主管部门颁发的特种作业证后持证上岗。汽车和船舶驾驶员应取得主管部门颁发的驾驶证后持证上岗。

3.0.5 进入施工现场的人员应按照作业要求正确穿戴个人安全防护用品，作业时长发不得外露；场内车辆运行时车厢不得搭乘人员；上班前严禁喝酒；进入工地严禁穿拖鞋、赤脚；工地上严禁嬉戏、打闹。

3.0.6 作业前和作业中应采取有效的预防措施，排除作业场所中可能导致人员滑倒、绊倒、划伤、碰伤、砸伤、摔伤等因素。在雨、雪后的露天作业，应清除水、雪、冰，并采取有效的防滑措施。大雨、大雪、雷电、大雾及风力6级以上（含6级）等恶劣天气时，应停止露天的起重、电焊、打桩、高处、立杆、蹬杆、立体交叉等作业。在特殊季节施工、夜间施工、边通车边施工和立体交叉作业还应遵守附录A的规定。

3.0.7 工地上严禁抛掷材料、零件、工具等；工地上行走注意脚下和头顶安全；严禁在起重机起吊物体下行走、作业，禁止在受力的钢丝绳上跨越和停留。

3.0.8 水上作业及乘坐简易交通船必须穿救生衣。

3.0.9 基准面以上 2m 为高空作业。高空作业前必须检查安全带完好无损,将安全带可靠固定;作业时应稳妥放置好零件、工具,防止坠落伤人;高空临空作业应安装护栏,没有护栏时必须安装防护网;高空作业面下不得行走、作业。

3.0.10 上下必须走人行梯,人行梯应设扶手,上下梯时必须面向梯子;严禁攀登脚手架、龙门架、外用电梯等;严禁乘坐非乘人的垂直运输设备。

3.0.11 施工现场的各种安全设施设备和警告、标志等未经现场安全管理人员同意不得任意拆除和随意挪动。

3.0.12 使用新购置的设备前,应检查随设备携带的文件齐全有效,并按规定全面检验设备确认安全后,方可正式使用。在使用长期不用的设备前,应按规定进行全面检验,确认安全后方可正式使用。

3.0.13 设备应在允许的标称范围内工作;作业前应按规定程序对设施设备和环境进行检查,发现不安全因素(包括异常现象),应先排除不安全因素,再开始作业;作业中如果发现不安全因素(包括异常现象和故障),应先停止作业,排除不安全因素后再继续作业。

3.0.14 作业人员在使用电气设备时应符合以下要求:

(1)怕雨怕潮的电气设备应有防雨防潮的措施。

(2)电气设备的控制开关灵活可靠,并有准确清楚的标志。

(3)电缆和导线内部的导电金属不得外露。

(4)使用中停电时,立即切断电源,恢复供电后,先按规定检查,确定正常后再重新启动。

(5)作业人员离开设备前关闭电控柜中的电源,并将电控柜锁好。

(6)电气设备由相关专业人员维护维修。

3.0.15 气瓶的放置和使用应符合以下要求:

(1)气瓶应放置在通风良好,且与高温、明火地点之间的距离符合相关规定的库房。

(2)搬运和使用时不得强烈震动和撞击,放置稳定且不得暴晒,使用过程中应保证大于5m 的最小安全距离,夏季使用时放在阴凉处,冬季使用时应与火炉和暖气保持规定的距离。

(3)气瓶中气体压力不得小于规定的最小值。

(4)气瓶阀门失灵或损坏不能关闭时,应待瓶内的气体自动逸尽后才可拆卸。

(5)运输时对气瓶应固定牢固,不同气体必须分开运输。

3.0.16 多人合作完成一项任务时,应相互配合;协同要求高的作业应设指挥员。

3.0.17 现场施工专兼职安全员应进行全过程、全方位巡查监控,发现安全隐患应立即处治。

3.0.18 发现危险因素,作业人员应及时撤离危险区域,待确认安全后再继续作业;作业中发生事故应及时抢救人员,迅速报告上级,保护事故现场,并采取措施控制事故;作业结束后,确认设施设备符合相关安全规定,相关人员方可离开。

3.0.19 在规定地点配备规定品种和数量的消防器材,禁止烟火处严禁动用明火;严禁将火种带进仓库和施工危险区域、木工间和木制品堆放场地;不得在宿舍内和施工现场明火燃烧杂物和废纸等,不得在宿舍内乱接电源。

3.0.20 作业人员有权对施工现场的作业条件、作业程序和作业方式中存在的安全问题提出批评、检举和控告,有权拒绝违章指挥和强令冒险作业。在施工中发生可能危及人身安全的紧急情况时,作业人员有权立即停止作业或者在采取必要的应急措施后撤离危险区域。

3.0.21 作业人员每天上班前必须参加班前会。

4 共用工种

4.1 电工

4.1.1 一般要求

(1)任何电气设备使用前,必须检查确认安全后方可送电。

(2)雨、雪及风力6级以上(含6级)等恶劣天气后应对供电线路、用电设施进行检查,确认安全后方可使用。

4.1.2 临时架空电缆线路及变压器

(1)开挖电杆基坑作业前,应与有关单位取得联系,探明地下物状况并采取防护措施。在现场电力、通信电缆2m范围内和现场燃气、热力、给水、排水等管道1m范围内应在主管单位人员的监护下人工开挖。

(2)搬运电杆时,应设统一指挥,使用车辆搬运电杆时,应将电杆绑扎牢固,保持平衡。

(3)立、拆电杆时,应设置半径为1.2倍杆长的作业区域,无关人员不得进入作业区域。立、拆电杆作业应明确联系信号和人员分工。立杆作业时坑内不得有人,立水泥杆时应采取防滑措施。使用汽车起重机立、拆电杆时,应与信号工密切配合,吊点应在电杆重心的上方。基坑夯实后,方可拆去叉木或拖拉绳。

(4)蹬杆前应确认电路断电、电杆埋设牢固后方可蹬杆。

(5)杆上作业时,上下传递工具和材料应用小绳,不得抛掷。小绳不得系在安全带上。

(6)杆上作业人员使用的工具和材料,应放在工具袋内,较大的工具应用绳子拴在牢固的构件上。

(7)邻近其他带电线路作业时,作业人员与带电线路的最小安全距离应符合表4.1.2的规定。

表4.1.2 作业人员与带电线路的最小安全距离

电压等级(kV)	10	35	110	220
允许最近距离(m)	1.0	2.5	3.0	4.0

(8)紧、撤线前应先确认拉线、拉桩安全后方可作业。在无拉线、拉桩的电杆上紧线,应设置临时拉线。紧大截面导线应设专人监视拉线、拉桩。

(9)放线时应先用绳索将导线拴牢,剪断后徐徐下放。

(10)敷设电缆时应设专人指挥。在拐弯处敷设电缆时,作业人员应站在弯角外侧。

(11)巡视架空线路时,应沿线路上风侧行走。发现电缆断落地面或悬挂空中,应采取防护措施,并及时处理。

(12)用绝缘拉杆拉合高压隔离开关及跌开式熔断器,或经传动机构拉合高压隔离开关及高压负荷开关时,室内操作应戴绝缘手套,室外操作还应穿绝缘靴。不得带负荷拉合隔离开关及跌开式熔断器。

(13)雨天不得进行室外高压作业。检查线路设备时,如中途因故离开,再回来工作时,应详细查明情况,充分了解后,方可继续工作。

(14)变压器停电时,先停负荷侧,后停电源侧,送电时,先送电源侧,后送负荷侧;单极隔离开关及跌落式熔断器停电时,先拉中间相,再拉下风侧的边相,最后拉上风侧的边相,送电时,先合上风侧的边相,再合下风侧边相,最后合中间相。

(15)在变压器上进行检修作业时,应采取停电、验电、挂临时接地线、挂标示牌和采取临时遮拦措施。

4.1.3　施工现场电气设备运行与维修。

(1)施工现场的电气线路应保持良好的绝缘状况,并采取防压、防水、防埋和防砸措施。

(2)不用的线路应及时切断电源或拆除。

(3)不得在本单位不能控制的电气设备上挂接临时接地线作业。

(4)不得在供电部门电度计量电流互感器二次回路上进行作业。

(5)不得约时停送电,应在停送电前通知各用电单位。

(6)应避免带电作业,如需低压带电作业时,应设监护人。

(7)接线时应先接中性线,后接相线,拆线时,先拆相线,后拆中性线。

(8)当发生严重威胁人身及设备安全的紧急情况时,可越级拉开负荷开关。

(9)停电检修设备时,在可能来电的各方向应有明显的断开点,并在开关操作手柄上悬挂"禁止合闸"的标示牌。

(10)在漏电保护装置下连接、拆卸用电设备时,应逐相验电,确认安全后方可进行操作。

(11)拆除多台集中使用的电焊机中的一台时,应在断电后先检查,确认没有电压后方可进行拆除。

(12)电气设备运行中发生过载保护装置断电,未查清断电原因前严禁强行通电。

(13)自备发电机作为备用电源时,其断路设备与主电源断路设备之间应装设连锁设备。

(14)配电箱及开关箱内的闸器具应完好无损,配电盘面上不得出现裸露带电体。

(15)雨淋、水泡、受潮或长期停用的电气设备应进行干燥处理,绝缘电阻检测合格后方可使用。

4.1.4 常用工具

(1)使用移动式电动工具应遵守以下规定:

①采用双极或三极式电源开关,使用前确认开关安装牢固,动作灵活可靠;

②移动式工具设单一开关,不得一闸多用;

③电动工具更换刃具应待旋转停止并切断电源后进行,不得戴线手套操作,严禁用手指直接清除渣物。

(2)使用工作梯应遵守下列规定:

①作业时工作梯与地面的夹角以60°为宜,且不得置于箱、桶、平板车等不稳定的物体上;

②梯上作业人员不得探身或站在最高凳上作业;

③梯上有人作业时梯子不得移动;

④双梯下端应设限制开度的拉链,高度超过4m时,下部应有人扶持。

(3)使用喷灯应遵守下列规定:

①喷灯内油面不得高于容器高度的3/4,拧紧加油孔螺栓,不得有漏气、漏油及堵塞现象,工作结束后灭火放气;

②煤油或酒精中不得混有汽油;

③喷灯加油、放油及拆卸喷嘴和其他零件作业应待熄火冷却后进行;

④严禁在有易燃易爆物质的场所使用;

⑤在有带电体的场所作业时,喷灯火焰与10kV及以下电压的带电体的距离不得小于1.5m,与10kV以上电压的带电体的距离不得小于3m。

(4)使用脚扣、安全带应遵守下列规定:

①脚扣的规格与电杆的直径相适应;

②使用前应检查脚扣,无裂纹、开焊、变形、皮带损伤等,木杆脚扣齿部无过度磨损,胶皮脚扣的胶皮无脱落、离骨及过度磨损,小爪灵活可靠,确认安全后方可使用;

③安全带可开口钩环有防止自动脱钩的保险装置;

④使用安全带前确认无腐朽、脆裂、老化、断股等,钩环牢固;

⑤安全带应系在稳固处,不得拴在横担、戗板、杆梢以及将要撤换的部件上;

⑥先将安全带钩环扣好,再将保险装置锁好,方可探身或后仰作业。

4.2 吊装工(起重机驾驶员、信号工、挂钩工)

4.2.1 一般要求

(1)作业前应确认起重机无漏电、钢丝绳无严重磨损,满足GB 5972的相关要求,安全保护装置有效且显示准确。

(2)捆绑作业应遵守以下规定:

①捆绑应牢固;

②箱式吊物装车时,应使用捆绑工具将箱体与车连接牢固;

③管材、构件等应用紧线器紧固。

(3)确定吊物重心,选好挂绳位置后应用铁钩进行穿绳作业,严禁将手臂伸到吊物下面。对于棱角坚硬或易滑的吊物,应加衬垫并用套索。

(4)应按顺序进行挂绳作业,吊绳不得相互挤压、交叉、扭压、绞拧。一般吊物可用兜挂法,保证吊物平衡,对于易滚、易滑或超长货物,可采用绳索方法,使用卡环锁紧吊绳。

(5)试吊作业,吊绳套挂牢固,起重机缓慢起升,将吊绳绷紧稍停,起升不得过高,注意观察吊物,重心是否偏移,是否与其他物件粘连等。试吊必须听从信号工的统一指挥。

(6)摘绳作业,落绳、停稳、支稳后方可放松吊绳。对易滚、易滑、易散的吊物,摘绳应用安全钩。挂钩工严禁站在吊物上面。不得不人工摘绳时,应选用其他机具辅助,严禁攀登吊物及绳索。

(7)抽绳作业,吊钩应与吊物重心保持垂直,缓慢起绳,不得斜拉、强拉,不得旋转吊臂抽绳。如遇吊绳被压,应立即停止抽绳,可采取提头试吊方法抽绳。吊运易损、易滚、易倒的吊物不得使用起重机抽绳。

(8)吊挂作业应遵守以下规定:

①兜绳吊挂应保持吊点位置准确、兜绳不偏移、吊物平衡;

②锁绳吊挂应便于摘绳操作;

③卡具吊挂时应避免卡具在吊装中被碰撞;

④扁担吊挂保持吊点对称于吊物中心。

(9)吊装作业时,吊物下方严禁有人停留或行走。

(10)吊装散物时,应用吊笼。

(11)装卸作业时,吊物不得从运输车驾驶室上方通过。

(12)轮式或履带式起重机作业时应确定吊装区域,并设警戒标志,必要时派人监护。

(13)使用两台吊车抬吊大型构件时,吊车性能应一致,单机荷载应合理分配,且不得超过额定荷载的80%。

(14)在高压线垂直或水平方向作业时,应保持表4.1.2所列的最小安全距离。

4.2.2　吊索具

(1)严禁使用有裂纹、变形的卡环和用焊补方法修复的卡环。

(2)使用卡环时,卡环侧向不得受力,起吊前应检查封闭销是否拧紧。

(3)吊索的水平夹角应大于45°。

(4)不得在吊钩上补焊、打孔,吊钩表面应保持光滑,没有裂纹。不得使用危险断面磨损程度达到原尺寸的10%，或钩口开口度尺寸比原尺寸增大15%，或扭转变形超过10%，或危险断面或颈部产生塑性变形的吊钩。板钩衬套磨损达原尺寸的50%时，应报废衬套。板钩心轴磨损达原尺寸的5%时，应报废心轴。

（5）编插钢丝绳索具应用6×37的钢丝绳。编插段的长度不得小于钢丝绳直径的20倍，且不得小于300mm。编插钢丝绳的强度应按原钢丝绳强度的70%计算。用卡子连成绳套时，卡子不得少于3个。

4.2.3 构件及设备的吊装

（1）作业时应缓起、缓转、缓移，并用控制绳保持吊物平稳。

（2）移动构件、设备时，构件、设备应连接牢固，保持稳定，使用卷扬机移动构件或设备时，应用慢速卷扬机，移动通过的道路应坚实平整。

（3）码放构件的场地应坚实平整。码放后应支撑牢固、稳定。

（4）吊装大型构件使用千斤顶调整就位时，不得两端千斤顶同时起落；一端使用两个千斤顶调整就位时，起落速度应一致。

（5）超长型构件运输中，悬出部分不得大于总长的1/4，并应采取防倾覆措施。

（6）暂停作业时，应把构件、设备支撑稳定，连接牢固后方可离开现场。

4.3 轮胎式起重机驾驶员

4.3.1 一般要求

（1）起动、倒车应先鸣笛，确认安全后方可行驶，上下坡时应换低速挡行驶，下坡时不得空挡滑行。

（2）下雪、结冰等路面条件较差时，应低速行驶，不得紧急制动。

（3）前往目的地前应确保满足以下要求：

①总质量满足所要通过桥梁的承载能力，采取低速通过，在桥面上不得紧急转向和紧急制动；

②总高度满足所要通过桥洞的限高；

③通过铁路道口或不平道路时减速慢行；

④满足所要通过临时性桥梁（管沟）等构筑物的条件；

⑤通过地面电缆时铺设木板保护，不得在上面转弯。

（4）应停放在平坦地面；坡道上应纵向停放并挡掩，将工作装置落地辅助制动，确认制动可靠后，操作人员方可离开；雨季作业完毕时应停放在较高的坚实地面上。

（5）机械设备在发电站、变电站、配电室等附近作业时，不得进入危险区域。在高压线附近工作时，机械设备机体及工作装置运动轨迹距架空输电导线的最小安全距离应符合表4.3.1的规定。

表 4.3.1　机械设备机体及工作装置运动轨迹与架空输电导线的最小安全距离

输电导线电压(kV)	<1	1 ~ 15	20 ~ 40	60 ~ 110	220
允许沿输电导线垂直方向最近距离(m)	1.5	3	4	5	6
允许沿输电导线水平方向最近距离(m)	1	1.5	2	4	6

4.3.2　具体要求

(1)机械不得斜拉、斜吊和吊装埋入地下的物体,起吊现场浇筑的混凝土构件或模板前,应确认混凝土构件或模板已全部松动。

(2)起吊时,应先将吊物吊离地面 10 ~ 30cm,经确认安全后方可再行提升。对可能晃动、转动的重物,应拴控制绳。

(3)起升和降落应匀速,不得忽快忽慢或突然制动;回转动作应平稳,回转未停稳前,不得作反向操作。

(4)卷筒上的钢丝绳应连接牢固、排列整齐。放绳时,卷筒上的钢丝绳应保留 3 圈以上。

(5)作业前应伸出全部支腿,撑脚板下应垫方木。调整机体水平度。支腿的定位销应插上。底盘为弹性悬架的起重机,放支腿前应先收紧稳定器。

(6)调整支腿作业应在无荷载时进行,将已伸出的臂杆缩回并转至正前方或正后方。作业中不得扳动支腿操纵阀。

(7)作业中臂杆变幅应平稳,不得猛起猛落臂杆。

(8)伸缩臂式起重机在伸臂的同时,应相应下放吊钩。当发出警报时应立即停止伸臂。臂杆缩回时,仰角不得过小。

(9)伸缩式臂杆伸出后,出现前节臂杆的长度大于后节伸出长度时,应经过调整,消除不正常情况后方可作业。

(10)作业中出现支腿沉陷、起重机倾斜等情况时,应立即放下吊物,经调整、消除不安全因素后方可继续作业。

(11)起重机需短距离带载行走时,途经的道路应平坦坚实,吊物离地高度不超过 50cm,并应缓慢行驶。严禁带载长距离行驶。

(12)行驶前应收回臂杆、吊钩及支腿。行驶时保持中速,避免紧急制动。倒车时应有人监护。

(13)行驶时,在底盘走台上不得有人或堆放物件。

(14)作业后,伸缩臂式起重机的臂杆应全部缩回、放妥,并挂好吊钩。桁架式臂杆起重机应将臂杆转至起重机的前方,并降至 40° ~ 60°之间。各机构的制动器应制动牢固,操作室和机棚应关门上锁。

4.4 履带式起重机驾驶员

4.4.1 应遵守第4.3.1和第4.3.2条的有关规定。

4.4.2 起重机作业场地应平整坚实,如果地面松软,应夯实后用枕木横向垫于履带下方。

4.4.3 作业时变幅应缓慢平稳,严禁在起重臂未停稳前变换挡位。

4.4.4 吊物离地10~50cm时,应确认机身稳定,制动灵活可靠,绑扎牢固后方可继续作业。

4.4.5 起重机在满负荷或接近满负荷时,不得同时进行两种操作和降落臂杆。

4.4.6 吊物左右回转时,应平稳进行,不得使用紧急制动或在没有停稳前作反向旋转。起重机行驶时,应刹住回转、臂杆、吊钩的制动器。

4.4.7 起重机需短距离带载行走时,吊物应在起重机行走的正前方向,离地高度不超过50cm,缓慢行驶。

4.4.8 转弯时,如转弯半径过小,应分次转弯且每次不超过15°。

4.4.9 起重机转移工地应用平板拖车运送。近距离自行转移时,应卸去配重,拆短臂杆,主动轮在后面,回转、臂杆、吊钩等应处于制动状态,通过铁路、地面电缆等设施时应铺设木板保护。

4.4.10 作业后,臂杆应转至顺风方向,并降至40°~60°之间,吊钩应提升到接近顶端的位置,各部制动器都应保险固定,操作室和机棚应锁门。

4.5 架子工

4.5.1 搭设脚手架

(1)支搭脚手架作业前应研讨搭设方法,明确分工,并派1名技术好、有经验的人员作为搭设技术指导和监护。

（2）对搭设脚手架的杆件及其配件应进行检查，检查杆件及其配件是否存在焊口开裂、严重锈蚀、扭曲变形等情况，配件是否齐全，符合要求后方可使用。

（3）搭设架子前应检测架体基础地基承载力，并在周边设防排水设施。

（4）脚手架应结合工程进度搭设，在离开作业岗位时，搭设未完的脚手架不得留有未固定构件和不安全隐患，确保架子稳定。

（5）在带电设备附近搭、拆脚手架时，应停电作业。在外电架空线路附近作业时，脚手架外侧边缘与外电架空线路的边线之间的最小安全距离应符合表 4.5.1 的规定。上、下脚手架斜道不得搭设在有外电线路的一侧。

表 4.5.1　脚手架外侧与外电架空线路的边线之间最小安全距离

外电线路电压（kV）	<1	1 ~ 10	35 ~ 110	154 ~ 220	330 ~ 500
允许最近距离（m）	4	6	8	10	15

（6）各种非标准的脚手架，跨度大、负载重等特殊架子或其他新型脚手架，应按批准的专项安全施工组织设计进行作业。

（7）脚手架搭设到高于在建建筑物顶部时，里排立杆应低于缘口 4 ~ 5cm，外排立杆高出缘口 1 ~ 1.5m，搭设两道护身栏，并挂密目安全网。

（8）当脚手架下有车辆、行人通行时，应设安全防护设施。在河道中的施工支架，应充分考虑洪水和漂浮物的影响。

（9）搭设完毕，经验收合格后方可使用。应经常检查脚手架底部及近旁有无开挖沟槽等作业，如有影响脚手架基础稳定的情况，应及时向施工负责人汇报。风、雨、雪过后应进行检查，发现倾斜下沉、松扣、崩扣应及时修复，合格后方可使用。

（10）搭设支架在高空作业时，必须系好安全带。

4.5.2　搭设安全网

（1）安全网绳不得损坏和腐朽。

（2）搭设安全网支撑杆间距不大于 4m；安全网搭设应搭接严密、牢固、外观整齐，网内不得存留杂物。

（3）无外脚手架或采用单排外脚手架和工具式脚手架时，凡高度在 4m 以上的建筑物，首层四周应支固定 3m 宽的水平安全网（20m 以上的建筑物搭设 6m 宽双层安全网），网底距下方物体表面不小于 3m（20m 以上的建筑物不小于 5m）。

（4）20m 以上的建筑物施工，每隔 10m 应固定一道 3m 宽的水平安全网，外边缘应高于内边缘 50 ~ 60cm。安全网一律用组合钢管角架挑支，用钢丝绳绷拉，并尽量绷直，内口应与建筑锁牢。

（5）高桥墩施工，应按规定搭设安全网。

（6）扣件式钢管外脚手架，应沿外架子内侧立挂密目安全网进行封闭，安全网之间应连接牢固，并与架体固定。

(7)工具式脚手架应沿外排架子内侧立挂密目安全网进行封闭,并按标准搭设水平安全网防护。

(8)在安全网附近应配备足够的防火器材。

(9)安全网下方不得堆放物品。

4.5.3 拆除脚手架

(1)拆除的全过程应指派1名责任心强、技术水平高的人员担任指挥和监护,并负责拆除撤料和监护操作人员的作业。

(2)拆除时应划定作业区,设置围栏和警戒标志,并设专人监护,无关人员不得进入。

(3)架子的拆除程序与搭设程序相反,后搭的先拆,由上而下按层、按步拆除。先拆护身栏、脚手板和排木,再依次拆剪刀撑的上部绑扣和接杆。拆除全部剪刀撑、压栏子、斜撑杆以前,应绑好临时斜支撑。不得用推、拉方法拆除脚手架。连墙杆应随架子逐层拆除。架子在施工期间变形过大或连墙杆缺少、受力不均时,应在拆除前先做必要的加固或补设临时拉结点,确保拆除时架子的稳定。

(4)拆除临近高压线的脚手架,应满足表4.3.1的最小安全距离。

(5)拆除过程中应注意架子缺扣、崩扣及不符合要求的部位,不得踩在松动的杆件上。

(6)拆除大片架子应加临时围栏。作业区内电线及其他设备有妨碍时,应事先与有关部门联系拆除、转移或加防护。

(7)拆脚手架杆件,应由2~3人协同操作,拆纵向水平杆时,应由站在中间的人向下传递,严禁向下抛掷。

(8)拆至底部时,应先加临时固定措施后再拆除。

(9)拆除后应立即清运脚手架材料,并分类堆放。

(10)暂停拆除时,应检查作业范围内未拆除部分的架子,确认稳定后方可离开现场。

4.6 模板工

4.6.1 一般要求

(1)高处作业时,材料码放应平稳整齐。

(2)使用的工具不得乱放。地面作业时应随时放入工具箱,高处作业应放入工具袋内。锤斧等带柄工具应钻眼拴绳,以防失手。作业时使用的铁钉,不宜含在嘴中。

(3)使用手锯时,锯条应调紧适度,下班时应放松,以防再使用时锯条突然暴断伤人。

(4)成品、半成品、木材应堆放整齐,不得任意乱放。木材码放高度不得超过1.2m。

(5)作业场所的刨花、木屑、碎木应自产自清、日产日清、活完场清。

(6)用火应事先申请用火证,并设专人监护。

(7)使用手提灯应用安全电压。

4.6.2 模板支立与拆除

(1)在基坑或围堰内支模时,应确认基坑无塌方现象,围堰坚固后方可操作。

(2)向基坑内吊送材料和工具时,应设溜槽或绳索系放,严禁抛掷。机械吊送应有专人指挥。模板应捆绑结实,基坑内的操作人员应避开吊送的料具。

(3)支立模板应按工序操作。当一块或几块模板单独竖立和竖立较大模板时,应设立临时支撑,上下应顶牢。整体模板合拢后,应及时用拉杆斜撑固定牢靠,模板支撑不得钉在脚手架上。

(4)用机械吊运模板时,应先检查机械设备和绳索的安全性和可靠性,起吊后下面严禁站人或通行。模板下放距地面1m时,作业人员方可靠近操作。

(5)用人工搬运、支立较大模板时,应有专人指挥,所用的绳索应有足够的强度,绑扎牢固。支立模板时,底部固定后再进行支立,防止滑动倾覆。

(6)在用斧锤作业时,应顾及四周和上下的安全,防止误伤他人。斧头刃口处应配刃口皮套。

(7)拆除模板时,按顺序分段拆除,不得留有松动或悬挂的模板,不得硬砸或用机械大面积拉倒。拆下带钉木料,应立即将钉子拔掉。

(8)拆除模板不得双层作业。3m以上模板在拆除时,应用绳索拉住或用起吊设备拉紧,缓慢送下。

4.6.3 木工机械

(1)使用木工机械应遵守以下规定:

①作业前应试机,各部件运转正常后方可作业;开机前应将机械周围及脚下作业区的杂物清理干净,必要时应在作业区铺设垫板;

②作业前应扎紧袖口、理好衣角,衣服下摆要紧,扣好衣扣,不得戴手套;

③机械运转过程中出现故障时,应立即停机、切断电源;

④链条、齿轮和皮带等传动部分,应安装防护罩或防护板;

⑤应使用定向开关,不得使用倒顺开关;

⑥严禁直接用手清理机械台面上的刨花、木屑;

⑦作业后应拉闸,锁好闸门。

(2)使用平刨应遵守下列规定:

①应设置可靠的安全防护装置;

②刨料时应保持身体平衡,双手操作。刨大面时,手应按在木料上面;刨小面时,手指应不低于料高的一半,并不小于3cm;

③每次刨削量不超过1.5mm。进料速度应均匀,不得在刨刀上方回料;

④被刨木料的厚度小于3cm、长度小于40cm时，应用压板或压棍推进；厚度小于1.5cm、长度小于25cm的木料不得在平刨上加工；

⑤刨旧料时应先将铁钉、泥砂等清除干净。遇结疤、戗茬时应减慢送料速度，不得手按结疤送料；

⑥2人操作时，进料速度应配合一致。当木料前端越过刀口30cm后，下手操作人员方可接料。木料刨至尾端时，上手操作人员应注意早松手，下手操作人员不得猛拉；

⑦换刀片前应拉闸断电，并挂"禁止合闸"的警示牌；

⑧同一台平刨机的刀片质量、厚度应一致，刀架与刀应匹配，不得使用不合格的刀具。紧固刀片的螺钉应嵌入槽内，且距离刀前不小于10mm。

(3)使用压刨应遵守下列规定：

①2人操作，应配合一致，接送料应站在机械的一侧，操作人员不得戴手套；

②进料应平直，发现木料走偏或卡住，应停机降低台面，调正木料。遇结疤应减慢送料速度。送料时手指应与滚筒保持20cm以上距离。接料时，应待料出台面后方可上手；

③刨料长度小于前后滚中心距的木料，不得在压刨机上加工；

④木料厚度差2mm的不得同时进料。刨削吃刀量不超过3mm；

⑤清理台面杂物时应停机且停稳、断电，用木棒进行清理。

(4)使用圆盘锯(包括吊截锯)作业应遵守下列规定：

①圆盘锯应装设分料器，锯片上方应有防护罩和滴水设备。开料锯与截料锯不得混用；

②作业前应检查，锯片不得有裂纹，不得连续缺齿，螺钉应拧紧；

③应紧贴靠尺送料，不得用力过猛，遇硬结疤时慢推。应待出料超过锯片15cm方可上手接料，不得用手硬拉；

④短窄料应用推棍，接料使用刨钩。不得锯长度小于50cm的短料；

⑤木料走偏时，应立即切断电源，停机调正后再锯，不得猛力推进或拉出；

⑥锯片运转时适时用水冷却，直径60cm以上的锯片工作时应喷水冷却；

⑦应随时清除锯台面上的遗料，保持锯台整洁。清除遗料时，不得直接用手清除。清除锯末及调整部件，应先拉闸断电，待机械停止运转后方可进行；

⑧不得使用木棒或木块制动锯片的方法停机。

4.7 锅炉工

4.7.1 锅炉运行前，锅炉工作压力值应标注在压力表的盘面上，锅炉水位计应标明最高和最低水位线。

4.7.2 锅炉运行中，应随时观察压力表，确认锅炉工作压力值在正常范围，且每班应冲洗一次压力表连通管,保证连通管畅通,并作回零试验,确保压力表灵敏有效;应随时观察水位计,水位计不得有泄漏现象,水位应保持在正常水位线之间并有轻微变动,每班应冲洗水位计连通管,保持连通管畅通。

4.7.3 锅炉运行时出现以下情况应立即停炉处理:

(1)锅炉变形。

(2)锅炉自动报警装置发出报警信号。

4.7.4 锅炉运行时出现以下异常情况应立即查明原因:

(1)安全阀排气而压力表尚未达到工作压力。

(2)锅炉本体两阀压力表值相差0.05MPa。

(3)水位计中的水面停滞不动。

4.7.5 锅炉安全阀应送具备检测资格的单位定期检验,且应每周进行一次手动试验,确保灵敏有效;锅炉运行期间应按规程要求调试定压,且应每月进行一次升压试验。锅炉本体的压力表应每半年送具有相应资质的单位检验,锅炉本体以外的其他部位的压力表应每年送检。

4.7.6 常压锅炉严禁带压运行。

4.7.7 运行中严禁敲击锅炉受压元件。

4.7.8 锅炉运行中启闭阀门时,身体不得正对着阀门操作。

4.7.9 锅炉如使用提升式上煤装置,在作业前应确认钢丝绳及连接完好牢固。在料斗下方清扫作业前,应将料斗固定。

4.7.10 排污作业应在锅炉低负荷、高水位时进行。

4.7.11 停炉后进入炉膛清除积渣瘤时,应先清除上部积渣瘤。

4.7.12 燃油、燃气锅炉作业应遵守下列规定:

(1)运行中程序系统发生故障时,立即切断燃料源,并及时处理。

(2)运行中发生自锁,查明原因,排除故障,不得用手动开关强行启动。

(3)锅炉房内不得有烟火。

4.8 焊工

4.8.1 电焊设备与电焊工

(1)电焊机应设单独的电源开关、过载保护装置。

(2)电焊机焊接电缆线应使用多股细铜线电缆,其截面应根据电焊机使用规定选用。电缆外皮应完好、柔软,其绝缘电阻不小于1MΩ。两侧接线应安装可靠防护罩。

(3)电焊机启动后,应空载运行一段时间,直流焊机空载电压不得超过90V,交流焊机空载电压不得超过80V。调节焊接电流及极性开关应在空载下进行。

(4)严禁用拖拉电缆的方法移动焊机。

(5)交流电焊机的使用应遵守下列规定:

①多台焊机接线时三相负载应平衡,初级线上有开关及过载保护装置;

②焊接变压器的一次线圈绕组与二次线圈绕组之间、绕组与外壳之间的绝缘电阻不得小于1MΩ;

③作业中经常检查电焊机的温度,超过A级60℃、B级80℃时停止运转。

(6)硅整流电焊机开启风扇后,运转中应无异响,电压表指示值应正常。

(7)氩弧焊机的使用应遵守下列规定:

①氩弧焊机安装时,氩气减压阀和管接头不得沾有油脂;

②氩弧焊机安装后试验检查管路,确保无障碍、不漏气;

③工作前检查管路,气管、水管不得受压、泄漏;

④水冷型焊机冷却水保持清洁,焊接中水流量正常,不得断水施焊;

⑤高频氩弧焊机保证高频防护装置良好;

⑥磨削钨极时戴手套和口罩,磨削下来的粉尘及时清除。钍、铈钨极放置在密闭的铅盒内保存,不得随身携带;

⑦氩气瓶应直立固定放置,内部氩气压力不低于98kPa;

⑧作业后立即切断电源、水源和气源,焊接人员及时脱去工作服,清洗手脸和外露的皮肤。

(8)二氧化碳气体保护焊机的使用应遵守下列规定:

①二氧化碳气体预热器端的电压不得高于36V;

②二氧化碳气瓶放置牢靠,温度不得超过30℃;

③作业前必须检查焊丝的进给机构、电源的连接部分、二氧化碳气体的供应系统以及冷却水循环系统是否符合要求;

④作业前预热15min,开气时瓶嘴方向附近严禁有人。

(9)埋弧自动、半自动焊机的使用应遵守下列规定:

①软管式送丝机构的软管槽孔定期吹洗,保持清洁;

②作业前应检查送丝滚轮的沟槽及齿纹、滚轮、导电嘴(块)接触、减速箱油槽中的润滑油量是否符合要求。

(10)对焊机的使用应遵守下列规定:

①多台对焊机并列安装时,间距不小于3m,并接在不同的相线上,有各自的控制开关;

②定期磨光断路器上的接触点、电极,定期紧固二次电路全部连接螺栓;

③作业前检查焊机的压力机构是否灵活,夹具是否牢固,气、液压系统是否泄漏;

④焊接前根据所焊钢筋截面,调整二次电压,不得焊接超过对焊机规定直径的钢筋;

⑤焊接较长钢筋时设置托架,焊接时防止火花烫伤人员。在现场焊接竖向柱钢筋时,焊接后确保焊接牢固后再松开卡具,进行下道工序;

⑥冷却水温度不超过40℃。

(11)点焊机的使用应遵守下列规定:

①长期停用的控制箱每月至少通电加热30min,新更换的闸流管至少预热30min,正常工作的控制箱每次至少预热5min;

②电极触头保持光洁,漏电应立即更换;

③作业前,清除上、下两电极的油污,通电后,检查机体外壳是否漏油;

④启动前,首先接通控制线路的转向开关并调整极数,然后接通水源、气源,最后接通电源;

⑤作业时气路、水冷系统畅通,气体保持干燥,排水温度不得超过40℃;

⑥当负载过小使引燃管内不能发生电弧时,不得闭合控制箱的引燃电路。

(12)焊钳和焊接电缆应符合下列规定:

①焊钳保证任何斜度都能夹紧焊条,且便于更换焊条;

②焊钳具有良好的绝缘、隔热能力,手柄绝热性能良好;

③焊钳与电缆的连接简便可靠,导体不得外露;

④焊钳弹簧失效立即更换,钳口处保持清洁;

⑤焊接电缆具有良好的绝缘外层;

⑥焊接电缆的选择根据焊接电流的大小和电缆的长度,按规定选用较大的截面积;

⑦焊接电缆接头采用铜导体,且接触良好,安装牢固可靠;

⑧焊接电缆通过道路时,应架高,或采取其他保护措施;

⑨焊把线不得放在电弧附近或炽热的焊缝旁,不得碾轧,采取防止被尖利器物损伤的措施;

⑩操作时不得将焊钳夹在腋下去搬被焊工件或将焊接电缆挂在脖颈上;

⑪焊把线应加装电焊机触电保护器。

(13)电焊机应安放在通风良好、干燥、无腐蚀介质、远离高温高湿和多粉尘的地方。露天使用的焊机应设防雨棚,焊机应用绝缘物垫起,垫起高度不小于20cm。

(14)以下地点严禁进行焊接或切割作业:

①易燃易爆气体或液体扩散区域内;

②运行中的压力管道内;

③装有易燃易爆物品的容器内;

④受力构件上。

(15)焊接储存过易燃易爆物品的容器,应根据介质性质进行多次置换及清洗,并打开所有孔口,经检测确认安全后方可作业。

(16)在密封容器内施焊时,应采取通风措施,间歇作业时应到外面休息,容器内照明电压不得超过12V,身体应用绝缘材料与焊件隔离。焊接时应设专人监护,监护人应熟知焊接操作规程和抢救方法。

(17)焊接铜、铝、铅、锌等合金时,应佩戴防护用品,在通风良好的地方作业。在有害介质场所进行焊接时,应采取防毒措施,必要时进行强制通风。

(18)作业前应检查电焊机内部有无金属障碍、接头是否牢固,检查设备、工具的绝缘层有无破损。

(19)施焊地点潮湿或衣服潮湿时,严禁靠在带电钢板或工件上,应在干燥的绝缘板或胶垫上作业,配合人员应穿绝缘鞋或站在绝缘板上。

(20)高处焊接作业应遵守下列规定:

①在作业点正下方5m外设置护栏,并设专人监护;

②清除作业点下方区域易燃、易爆物品;

③站在稳固的操作平台上作业,使用盔式面罩;

④焊机放置平稳牢固,焊接电缆绑紧在固定处,不得绕在身上或搭在背上。

(21)焊接时二次线应双线到位,不得用其他金属物作二次线回路。

(22)清除焊渣时应佩戴防护眼镜或面罩。焊条头应集中存放在固定的焊条头回收桶内。

4.8.2 气焊设备与气焊工

(1)减压器的使用应遵守下列规定:

①不同气体的减压器不可换用;

②减压器定期检修,压力表定期校验;

③减压器冻结时可采用热水或蒸汽加热,但不得用火烤,加热后,应吹除其中的残留水分;

④安装前先略开氧气瓶阀门吹除减压器上污物,再检查减压器是否沾有油脂,如有油脂,擦净后方可使用;

⑤减压器出口接头与胶管扎紧;

⑥安装后,缓慢打开气瓶阀门,气瓶阀嘴严禁朝向人体方向;

⑦作业时经常检查减压器是否发生自流现象或漏气，如果发生自流现象或漏气，立即关闭气瓶阀门，卸下减压器修复或更换。

（2）氧气瓶的放置和使用应遵守下列规定：

①氧气瓶与其他易燃气瓶、油脂和易燃、易爆物品分别存放；与乙炔瓶的距离不小于5m；

②气瓶库房与高温、明火地点保持10m以上的距离；

③氧气瓶与焊炬、割炬、炉子和其他明火的距离不小于10m；

④氧气瓶在搬运和使用时不得撞击，放置稳定，不得暴晒，夏季使用时放在阴凉处；冬季使用时不得距火炉和暖气太近，如果阀门被冻结，可用温水或蒸汽加热，严禁用火烤；

⑤氧气瓶设有防振圈和安全帽，存储和运输时旋紧安全帽；

⑥氧气瓶运输时应水平放置，并加以固定，其高度不得超过车厢槽帮；不得用自行车驮运或起重设备吊运高压钢瓶；

⑦氧气瓶阀不得沾有油脂、灰土。不得用带油脂的工具、手套或工作服接触氧气瓶阀；使用专用工具缓慢开启氧气瓶阀门，操作人员不得面对减压器；

⑧不得使用无减压器的氧气瓶作业，压力表指针应灵敏、正常；在瓶阀上安装减压器之前，应拧开瓶阀，吹尽出气口内的杂质，并轻轻地关闭阀门。安装减压器时，首先检查氧气瓶阀门，接头不得有油脂，并略开阀门清除油垢，然后安装减压器，再缓慢开启阀门。关闭氧气阀门前先松开减压器的活门螺钉；

⑨氧气瓶中的氧气压强不小于49kPa；

⑩可使用肥皂水涂在瓶口上检查瓶口是否漏气，严禁用明火检查漏气；

⑪作业中，如发现氧气瓶阀门失灵或损坏不能关闭时，应待瓶内的氧气自动逸尽后，再行拆卸修理。

（3）乙炔瓶的放置和使用应遵守下列规定：

①现场乙炔瓶储存量不得超过5瓶，其余存放在储存间；

②乙炔瓶储存间与明火的距离不小于15m，通风良好，设有降温设施、消防设施和通道，避免阳光直射，并设专人管理，在醒目位置设安全标志；

③乙炔瓶直立存放，并采取防止倾斜措施，且不得与氯气瓶、氧气瓶及其他易燃、易爆物同间储存；

④乙炔瓶的运送使用专用小车，轻装轻卸，不得抛、滑、滚、碰；

⑤汽车运输时乙炔瓶应横向放置，头向一方，如直立放置，车厢高度不低于瓶高的2/3，横放立放都应有固定措施；

⑥乙炔瓶在使用时应直立放置，与热源的距离不小于10m，表面温度不超过40℃；

⑦经常检查乙炔瓶是否漏气，但不可用明火检查，发现漏气立刻停止使用；

⑧乙炔瓶在使用时应安装连接可靠的专用减压器，阀门开启时缓慢旋转，且不超过

一转半；

⑨乙炔瓶内气体压强不小于表4.8.2给出的相应值；

表4.8.2　乙炔瓶内保留不小于的气体压强

温度(℃)	<0	0~15	15~25	25~40
压强(MPa)	0.047	0.098	0.196	0.294

⑩乙炔不可与纯铜、银及其含70%以上铜、银合金接触。

(4)液化石油气瓶的放置和使用应遵守下列规定：

①气瓶冬季可用40℃以下温水加温，不得用明火或沸水加热；

②气瓶在运输、存储时应直立放置；

③气瓶不得倒置，不得倒出残液；

④气瓶阀管子不得漏气，丝堵、角阀丝扣没有锈蚀；

⑤气瓶至少有10%的气化空间；

⑥胶管和衬垫材料采用耐油性材料；

⑦使用时先点火后开气，使用后关闭全部阀门。

(5)焊炬和割炬的使用应遵守下列规定：

①焊炬和割炬使用前检查射吸是否正常，连接处和各气阀是否漏气，焊嘴、割嘴是否漏气、堵塞，焊嘴头堵塞时可用通针清理，但嘴头不可与平板摩擦；

②作业时发现气体通路和气阀有漏气现象，立即停止作业；

③氧气瓶阀门和乙炔瓶阀门同时开启时不得堵住焊嘴或割嘴；

④焊嘴或割嘴不得过分受热，温度过高时放入水中冷却；

⑤焊炬、割炬的气体通路均不得沾有油脂。

(6)橡胶软管的使用应遵守下列规定：

①新胶管在使用前先把胶管内壁滑石粉吹除干净；

②各种气体的软管不得互相代用和混用；

③橡胶软管能承受气体压力；

④胶管的长度不小于5m，以10~15m为宜，氧气软管接头扎紧；

⑤不准用氧气吹除乙炔胶管内的堵塞物；

⑥使用中，氧气软管和乙炔软管不得沾有油脂，不得触及灼热金属或尖刃物体。

(7)点燃焊(割)炬时，炬口不得对着人，应先开乙炔阀点火，然后开氧气阀调整火焰。关闭时应先关闭乙炔阀，再关闭氧气阀。

(8)正在燃烧的焊炬不得放在工件或地面上，焊炬带有乙炔气和氧气时，不得放在金属容器内。

(9)作业中若氧气管着火应立即关闭氧气阀门，不得折弯胶管断气；若乙炔管着火，应先关熄炬火，可用折弯前面一段软管的办法止火。

(10)高处作业时，氧气瓶、乙炔瓶、液化气瓶不得放在作业区域正下方，应与作业点正下方保持 10m 以上的距离，并清除作业区域下方的易燃物。

（11）不得将橡胶软管背在背上操作。

（12）作业后应卸下减压器，拧上气瓶安全帽，将软管盘起捆好后挂在室内干燥处，确认操作场地无着火危险后方可离开。

（13）冬天露天作业时，如减压阀软管和流量计冻结，可使用热水（热水袋）、蒸汽或暖气化冻，严禁用火烘烤。

4.9 爆破员

4.9.1 爆炸物品应轻拿轻放，不得敲击、掷滚、摔落和挤压，严禁由一人同时搬运炸药与雷管，电雷管与带电物品严禁一起携带运送。在使用爆炸物品的危险场所严禁有任何火源和引火物品，包括明火、吸烟、火柴、打火机、金属撞击、非防爆电器（如普通手电筒和手机、对讲机等无线通信设备），穿铁钉鞋和易产生静电的化纤衣服等。在使用爆炸物品场所的照明应使用防爆照明装置。

4.9.2 制作炸药包（柱）应在专设的加工房或爆破现场的专用棚内进行，并按所需数量一次制作，不得留成品备用。棚内不得有电气、金属设备，无关人员不得入内。

4.9.3 加工完的爆破器材应整理好，放在干燥处备用。炸药与雷管应保持一定的安全距离。

4.9.4 爆破作业应严格遵守 GB 6722 等有关规定。

4.9.5 残眼中不得再钻眼，装药与钻孔严禁平行作业。

4.9.6 装药前应对炮眼进行验收和清理，检查爆破工作面附近的支护是否牢固，炮眼内的泥浆、石粉应吹洗干净，湿炮眼应擦干。同时，应画出警戒线，无关人员不得在警戒线内。

4.9.7 刚打好的炮眼应等其冷却后装药。如遇照明不足、发现流沙、泥流未经妥善处理，或可能有大量溶洞水涌出时，不得装药。

4.9.8 电雷管等起爆器材使用前应检查，用于同一工作面时应是同厂、同型号的合格产品。

4.9.9 装填的炮孔数量应以一次爆破的作业量为限,已装药的炮孔应当班爆破。应用木质炮棍轻塞,严禁用力抵入或使用金属棒捣实。深孔装药出现堵塞时,在未装入雷管和起爆药前,可采用铜和木质长杆处理。

4.9.10 当装药、充填、联线等全部工作完成后,应由专人进行检查,确认无误后发出警号,所有人员必须撤离现场,方准进行起爆。采用电雷管爆破时,应加强电源的管理,防止漏电引爆。起爆主导线应悬空架设,距各种导电体的间距应大于1m。人员撤离现场的安全距离为:

(1)独头巷道不小于200m。

(2)相邻的上下坑道内不小于100m。

(3)相邻的平行坑道,横通道及横洞间不小于50m。

(4)全断面开挖进行深孔爆破(孔深3~5m)时,不小于500m。

4.9.11 放炮后,露天爆破不少于5min(不包括硐室爆破),地下爆破不少于15min(经过通风吹散炮烟后),才准爆破工作人员进入爆破作业地点。不管有无盲炮,应对爆破现场进行仔细检查,确认安全后,才能解除警报。

4.9.12 发现盲炮或怀疑有盲炮,应立即报告并由原爆破员按规定及时处理。若不能及时处理,应在附近设明显标志,并采取相应的安全措施。难处理的盲炮,应派有经验的爆破员处理。处理盲炮时,应在危险区边界设警戒,危险区内不得出现无关人员和进行其他作业,不得拉出或掏出起爆药包。电力起爆发生盲炮时,须立即切断电源。盲炮处理后,应仔细检查爆堆,将残余的爆破器材收集起来,未判明爆堆有无残留的爆破器材前,应采取预防措施。每次处理盲炮应由处理者填写登记卡片。

4.9.13 两工作面接近贯通时,两端应加强联系与统一指挥。岩石隧道两工作面除钻孔外岩层余留厚度为8倍循环进尺(当钻孔深度小于2m时,岩层余留厚度不小于15m)时,一端装药放炮时,另一端人员应撤离到安全地点。

4.10 爆破器材保管员

4.10.1 应严格遵守GB 6722等有关规定。

4.10.2 爆炸物品应专库存放,并按有关规定堆放爆破器材,雷管和炸药严禁堆放在同一房间内。每个房间应安装两把门锁,分别由两名保管员掌管钥匙。

4.10.3 对入库的爆炸物品进行认真检查验收，每周清点核实一次，发现数量不足或被盗、丢失应及时报告领导和当地公安机关。

4.10.4 爆炸物品的发放、领用应及时清楚登记，账物相符，对当班退库的爆炸物品应入箱，不得转借、转卖、转送爆炸物品。

4.10.5 库内消防器材应齐备，库房应安装防雷设施。

4.10.6 库内不允许穿铁钉鞋和易产生静电的化纤衣服等，不允许带手机。

4.10.7 发现不安全因素及时向领导汇报。

4.11 爆破器材押运员

4.11.1 严格遵守 GB 6722 等有关规定。

4.11.2 监督炸药和雷管不同车运输及不与其他物品混装，监督人力搬运、装卸、码放、整理爆破器材时，操作人员应抓稳抓紧、轻拿轻放，单人操作每人每次不得超过 1 箱且不超过 30kg，2 人协作每次不得超过 2 箱且不超过 60kg。

4.11.3 爆破器材装卸完毕后，立即与爆破器材保管员认真核对所押运的爆破器材的品种和数量，确保无误后办理交接手续。

4.11.4 监督运输工具按规定的时间、路线、速度行驶，到达预定地点后立即卸载。

4.11.5 执行全程押运原则，做到货在人在、货到人到，严防押运中发生丢失和被盗，发现数量丢失或被盗应及时报告领导和当地公安机关。

4.11.6 执行爆破器材押运任务期间，严禁携带烟草、点火工具等，应穿棉布或抗静电衣服，并监督接触爆破器材人员穿棉布或抗静电衣服。

4.12 爆破器材安全员

4.12.1 负责本单位爆破器材购买、运输、储存和使用过程中的安全管理。

4.12.2 督促爆破员、保管员、押运员及其他作业人员按照 GB 6722 和要求进行作业，制止违章指挥和违章作业，纠正错误的操作方法，有权制止无爆破员安全作业证的人员进行爆破工作，督促接触爆破器材人员穿棉布或抗静电衣服。

4.12.3 经常检查爆破工作面，发现隐患应及时上报或处理，工作面瓦斯超限时有权制止爆破作业。

4.12.4 经常检查本单位爆破器材仓库安全设施的完好情况及爆破器材安全使用、搬运制度和剩余爆破器材及时退库的实施情况。

4.12.5 执行任务时应穿棉布或抗静电衣服，不得携带烟草和点火工具。

4.13 挖掘机驾驶员

4.13.1 一般要求

(1)应遵守第 4.3.1 条的有关规定。

(2)作业前应检查施工现场，查明地上、地下管线和构筑物的状况。不得在距电力、通信电缆、瓦斯管道等周围 2m 以内作业。

(3)机械设备在沟槽附近应低速行驶，作业中应避开管线和构筑物，并与沟槽边保持不小于 1.5m 的安全距离。

(4)作业中遇到以下情况应立即停工：

①填挖区土体不稳定，有坍塌可能；

②发生暴雨、雷雨、水位暴涨及山洪暴发；

③施工标记及防护设施被损坏；

④出现其他不能保证作业和运行安全的情况。

4.13.2 具体要求

(1)行走时，臂杆应与履带平行，制动回转机构，铲斗离地面应为 1m，行走坡度不得超过机械允许最大坡度，转弯不得过急，通过松软地时应进行铺垫加固。

(2)轮胎式挖掘机在斜坡上移动时铲斗应向高坡一边。

(3)在平地上作业，应用制动器将履带(或轮胎)刹住、楔牢。

(4)铲挖作业适用于黏土、沙砾土、泥炭岩等土壤，对爆破掘松后的重岩石铲挖作业时，只允许用正铲，岩石料径应小于斗口宽的 1/2，不得用挖掘机的任何部位去破碎石料、冻土等。

(5)作业时，应待机身停稳后再挖土，铲斗未离开作业面时，不得作回转行走等动作，机身回转或铲斗承载时不得起落吊臂。铲斗起落不宜过猛,下落时不得冲击车架或履带及其他机件,不得放松提升钢丝绳。

(6)拉铲作业时,铲斗满载后不得继续吃土,不得超载。拉铲作沟渠等项作业时,应根据沟渠的深度、坡度及土质确定距坡沿的安全距离,一般不得小于3m。反铲作业时,应待大臂停稳后再吃土、收斗,伸头不得过猛、过大。

(7)在拉铲或反铲作业时,履带或轮胎与作业面边缘距离不小于1.5m,不得在机身下方掏挖。在崖边进行挖掘作业时,作业面不得留有伞沿及松动的大块石,发现有坍塌危险时应立即处理或将挖掘机撤至安全地带。

(8)回转制动时,应使用回转制动器,不得用转向离合器反转制动。满载时,不得急剧回转猛制动。

(9)取土、卸土不得有障碍物,在挖掘时任何人不得在铲斗作业回转半径范围内停留。

(10)装车作业时,应待运输车辆停稳后进行,铲斗应尽量放低,并不得砸撞车辆和从汽车驾驶室顶上越过。卸土时铲斗应尽量放低,但不得撞击运输车辆任何部位。

(11)不得用铲斗吊运物料。

(12)使用挖掘机拆除构筑物时,操作人员应分析构筑物倒塌方向,在挖掘机驾驶室与被拆除构筑物之间留有构筑物倒塌的空间。

(13)作业结束后,应将挖掘机开到安全地带,落下铲斗,制动回转机构,并将机械擦拭干净,冬季将机体和水箱内水放净(防冻液除外),最后关闭门窗加锁后方可离开。

4.14　装载机驾驶员

4.14.1　应遵守第4.13.1条的有关规定。

4.14.2　行驶时应将铲斗提升离地面50cm左右,可用高速挡,但不得进行升降和翻转铲斗动作。

4.14.3　装卸作业应在平整地面进行。在松散不平的场地作业,应把铲臂放在浮动位置,使铲斗平稳的作业,如推进时阻力过大,可稍稍提升铲臂。但不得在超过机械规定使用斜度的场地上作业。在沟槽边卸料,应设专人指挥,装载机前轮与沟槽边缘距离不小于2m,并放置挡木挡掩。

4.14.4　作业时应使用低速挡,运距不得过大。

4.14.5　作业区内不得有障碍物及无关人员,铲斗不得载人,铲斗下严禁有人。

4.14.6 向汽车内卸料时,铲斗不得从驾驶室顶上越过,且不得碰撞车厢。

4.14.7 将大臂升起进行维护、润滑时,应将大臂支撑稳固。不得利用铲斗作支撑提升底盘进行维修。

4.14.8 涉水后应立即进行连续制动,排除制动片内的水分。

4.14.9 作业后应将装载机开至安全地区,不得停在坑洼积水处,应将铲斗平放在地面上,制动、关闭门窗加锁后,驾驶员方可离开。

4.15 汽车驾驶员

4.15.1 一般要求

应遵守第4.3.1条的有关规定。

4.15.2 载重汽车驾驶员

(1)在施工现场行驶时应遵守现场的限速规定,但最大不超过15km/h。

(2)气制动的汽车,起步时气压不得低于2.5kg/mm^2,若停放在坡道上且气压低于4kg/mm^2时,不得滑行发动。

(3)使用起重机装卸车时,不得停留在驾驶室内。

(4)运输超宽、超高和超长的设备和构件,除严格遵守交通部门的有关规定外,还应事先研究妥善的运输方法,订出安全措施。

4.15.3 自卸汽车驾驶员

(1)自卸汽车驾驶员应遵守第4.15.2条的有关规定。

(2)车厢内严禁载人。

(3)配合挖土机装料时,自卸汽车就位后应拉紧手刹车。如挖斗须跨过驾驶室顶时,驾驶室内不得有人。

(4)卸料时应选好地形,并检视上空和周围有无电线、障碍物及行人。卸料后,车斗应及时复原,不得边走边落。

(5)自卸汽车在沟槽边卸料时,应有专人指挥,卸料时汽车后轮距槽边不小于1.5m,并设牢固挡掩。

(6)举升车厢检修、保养车辆时,应将车厢支撑牢固。

4.15.4　油罐车驾驶员

(1)油罐车驾驶员应遵守第4.15.2的(1)和(2)条的有关规定。

(2)油罐车的各种专用装置应完好,油泵、油管、油罐接头、阀门、加油口等应密封无泄漏,通气孔应畅通,接地链条应符合规定,化油器不得有回火现象。

(3)油罐汽车停放处应选择远离火源,炎热季节应选择荫凉处,雷雨天气不得选择在大树或高压线下。

(4)检修人员检修车辆时,严禁携带火种,不得穿带钉子的鞋。

4.15.5　平板拖车驾驶员

(1)平板拖车驾驶员应遵守第4.15.2条的有关规定。

(2)在装卸货物或机械设备时,应将平板拖车停放在平坦坚实的地面,制动后用三角木楔紧轮胎,并设专人统一指挥。

(3)装运带长臂杆的设备时,臂杆应朝向拖车的后方,超长的臂杆应拆解装运。拖运货物或设备的长、宽、高,应符合交通管理部门的有关规定。

(4)拖运超长、超高的物品或设备时,应到交通管理部门办理行驶手续,按规定的时间和路线行驶。拖运前应勘察线路。拖运时,白天应挂红旗,夜间应挂示廓示宽的标志灯。随车应有电工保护路经的供电、通信线路。

(5)装运货物或设备时,应把货物或设备绑扎牢固,将设备制动,楔紧轮胎或履带,锁牢保险装置。

(6)装卸设备用的跳板应搭设牢固可靠。装卸挖掘机、起重机、压路机、沥青混凝土摊铺机时,跳板与地面之间的角度不大于15°;装卸推土机时,跳板与地面之间的角度不大于28°。

(7)在坡道上行驶前,应选择适宜的低速挡,避免中途换挡或紧急制动。

4.15.6　洒水车驾驶员

(1)洒水车驾驶员应遵守第4.15.2的(1)和(2)条的有关规定。

(2)装、洒水应符合原车辆要求。

(3)不得向行人和不宜潮湿的物体上洒水。

4.15.7　沥青车驾驶员

(1)沥青罐车驾驶员应遵守第4.15.2(1)和(2)条的有关规定。

(2)装、卸及加热沥青应符合原车辆要求。

4.15.8　翻斗车驾驶员

(1)应遵守第4.15.2条的有关规定。

(2)机动翻斗车在施工现场行驶时,车斗的锁紧机构应锁紧,时速不超过5km。

(3)重车下坡应倒车行驶。

(4)在坑、沟槽边沿卸料时,轮胎应与坑、沟槽沿保持1.5m以上的距离,并设置牢固挡掩。不得直接向坑、沟槽内卸料。

(5)车斗装载物料的高度,不得影响驾驶员视线,宽度不超出斗宽。

4.15.9 混凝土(搅拌)运输车驾驶员

(1)应遵守第4.15.2的(1)和(2)条的有关规定。

(2)作业前应确认搅拌运输车滚筒和溜槽无裂纹和严重损伤,搅拌叶片磨损在正常范围内,底盘和副车架之间的U形螺栓联结良好。

(3)了解施工要求和现场情况,选择行车路线和停车地点。

(4)进站时速不大于5km。

(5)作业时,不得用手触摸旋转的滚筒和滚轮。

(6)严禁在高压线下进行清洗作业。

4.15.10 桥梁检查车驾驶员

(1)应遵守第4.15.2的(1)和(2)条的有关规定。

(2)作业前,应按桥梁检查车运行前检查要求进行检查,确认安全、完好。

(3)作业中,应按桥梁检查车使用规定操作,保持机械臂平稳运行。随时观察桥梁结构,防止相撞。

(4)作业后,将工作平台移至地面,并放置稳固,作业人员方可卸除安全带。

(5)不准装载货物。

4.16 钢筋工

4.16.1 一般要求

(1)清除工作面的障碍物,施工区道路应畅通,并注意周围电线及其他设施。

(2)搬运较长钢筋时,步调应一致,起落应统一,机械吊运应统一指挥。

(3)钢筋堆放不得压在水管和电缆上,不得在脚手架上集中码放钢筋,应随使用随运送。

(4)电动机械的开关箱距离机械设备不得超过3m。

(5)机械操作人员作业时应扎紧袖口、理好衣角、扣好衣扣,不得戴手套。

(6)机械明齿轮、皮带轮等高速运转部分,应安装防护罩或防护板。

(7)工作完毕后,应用工具将铁屑、钢筋头清除,不得用手擦或嘴吹。

4.16.2 手工加工钢筋与绑扎

(1)抬运钢筋人员应协调配合。

(2)切断长料时应设专人扶稳钢筋,操作时动作应一致。钢筋短于30cm时,应使用钢管套夹具夹住,不得手扶。

(3)手工切断钢筋时,夹具应牢固。掌握錾子的人与使锤的人应站成斜角,严禁面对面操作。抡锤作业区域内不得有其他人员。使锤的人不得戴手套。

(4)展开盘条钢筋时,应卡牢端头。切断前应压稳。

(5)人工弯曲钢筋时,应放平扳手,用力不得过猛。

(6)绑扎和安装钢筋时,不得将工具、箍筋或短钢筋随意放在脚手架或模板上。

(7)绑扎钢筋的绑丝头应弯回至骨架内侧。

(8)绑扎基础钢筋时,应设钢筋支架或马凳。绑扎立柱时,不得站在钢筋骨架上或攀登钢筋骨架上下。扎单梁、横梁、圈梁时,应有一定宽度和牢固的脚手架,必要时可设栏杆或安全网。

(9)在2m及以上高处、深坑绑扎钢筋和安装钢筋骨架,应搭设脚手架或操作平台,挂好安全带,临边应搭设防护栏杆。

(10)抬运、吊装钢筋骨架时,应设指挥,且上方及其附近不得有电源线经过。

(11)吊装钢筋骨架时,下方不得有人。钢筋骨架距就位处1m以内时,作业人员方可靠近辅助就位,就位后应先支撑稳固后再摘钩。钢筋骨架较长时,应设控制缆绳,持绳者不得站在骨架下方。

(12)暂停绑扎时,应确认所绑扎的钢筋或骨架连接牢固后方可离开现场。

4.16.3 机械加工钢筋

(1)钢筋切断机的使用应遵守以下规定:

①操作前应确定切断机刀口安装正确,刀片无裂纹,刀架螺栓紧固,防护罩牢靠,然后手扳动皮带轮检查齿轮啮合间隙,调整刀刃间隙,空载运转正常后再进行操作;

②断料前先将钢筋调直,断料时握紧钢筋,手与刀口的距离不小于15cm。断短料手握端小于40cm时,应用套管或夹具将钢筋短头压住或夹住,不得用手直接送料;

③切断机不得断切超过该机所规定直径的钢筋,多根钢筋一次切断时,总截面积应在机械允许范围内,不得断切超过刀片强度和烧红的钢筋;

④机械运转中不得用手直接清除刀口附近的断头和杂物;

⑤在钢筋摆动范围内和刀口附近,非操作人员不得停留;

⑥发现机械运转异常、刀片歪斜等,应立即停机检修。

(2)钢筋除锈机的使用应遵守以下规定:

①检查钢丝刷的固定螺栓有无松动,传动部分是否润滑和封闭式防护罩及排尘装置等是否正常;

②操作人员应束紧袖口，戴防尘口罩、手套和防护眼镜；

③不得将弯钩成型的钢筋上机除锈。弯度过大的钢筋应在基本调直后除锈；

④操作时应将钢筋放平，手握紧，侧身送料，除锈机正面不得站人。整根长钢筋除锈应由两人配合操作。

(3)钢筋调直机的使用应遵守以下规定：

①调直机安装应平稳牢固，料架料槽应平直，对准导向筒、调直筒和下刀切孔的中心线；

②按调直钢筋的直径，选用调直块及速度，调直短于2m或直径大于9mm的钢筋应低速运行；

③在调直块未固定，防护罩未盖好前不得穿入钢筋。作业中不得打开防护罩及调整间隙，不得戴手套操作；

④喂料前应将不直的料头切去，导向筒前应装一根1m长的钢管，钢筋应先通过钢管再送入调直机前端的导孔内。当钢筋穿入后，手与压辊保持一定距离；

⑤机械上不得搁置工具、物件，避免振动落入机体；

⑥圆盘钢筋放入放圈架上应平稳，乱丝或钢筋脱架时，应停机处理；

⑦已调直的钢筋，应按规格、根数分成小捆，散乱钢筋应随时清理堆放整齐。

(4)钢筋弯曲机的使用应遵守以下规定：

①工作台和弯曲工作盘台保持水平，操作前应检查芯轴、成型轴、挡铁轴、可变挡架有无裂纹或损坏，防护罩牢固可靠，经空运转确认正常后，方可作业；

②操作时应熟悉控制开关控制工作盘旋转的方向，钢筋放置应和挡架、工作盘旋转方向相配合，不得放反；

③改变工作盘旋转方向时应在停机后进行，即从正转—停—反转，不得直接从正转—反转或从反转—正转；

④弯曲机运转中不得更换芯轴、成型轴和变换角度及调速，不得在运转时加油或清扫；

⑤弯曲钢筋时不得超过该机对钢筋直径、根数及机械转速的规定；

⑥在弯曲钢筋的作业半径内和机身不设固定销的一侧不得站人。弯曲好的钢筋应堆放整齐，弯钩不得朝上；

⑦人工弯曲的工作台应牢固平稳，并有足够的宽度，弯时搬手应扣紧托平，用力不可过猛。

(5)钢筋冷拉机的使用应遵守以下规定：

①卷扬机前和冷拉钢筋两端应安装防护挡板，并设置醒目的安全警示标志；

②导向滑轮不得使用开口滑轮，与卷扬机的距离不小于5m；

③冷拉前应将钢筋卡牢，待人员离开后方可启动机械；

④作业中应设专人值守，钢筋两侧3m以内及冷拉线两端不得有人，不得跨越钢筋或

钢丝绳；

⑤冷拉速度不得过快，在基本拉直时应稍停，检查夹具是否牢固可靠，严格按要求控制伸长值、应力；

⑥运行中出现滑脱、绞断等情况时，应立即停机。

4.17 卷扬机操作工

4.17.1 卷扬机安装的位置应选择视线良好，远离危险作业区域的地点。

4.17.2 卷扬机后面应埋设地锚与卷扬机底座用钢丝绳拴牢，并应在底座前面打桩。卷扬机距第一导向轮(地轮)的水平距离应在15m左右。从卷筒中心线到第一导向轮的距离，带槽卷筒应大于卷筒宽度的15倍，无槽卷筒应大于卷筒宽度的20倍。钢丝绳在卷筒中间位置时，滑轮的位置应与卷筒中心垂直。导向滑轮不得用开口拉板。

4.17.3 卷筒上的钢丝绳应排列整齐，应至少保留3圈。导向滑轮至卷扬机卷筒的钢丝绳，凡经过通道处应遮护。

4.17.4 卷扬机安装完毕应进行以下试验：

(1)空载试验：不加荷载，按操作中各种动作反复进行，并试验安全防护装置灵敏可靠。

(2)动载试验：按规定的最大荷载进行动作运行。

(3)超载试验：一般在第一次使用前，或经大修后按额定荷载的110%～125%逐渐加荷进行。

4.17.5 每日班前应对卷扬机、钢丝绳、地锚、地轮等进行检查，确认无误后，试空车运行，合格后方可正式作业。

4.17.6 卷扬机在运行中，操作工不得擅离岗位。

4.17.7 操作工应听视信号，当信号不明或可能引起事故时，应停机，待确认安全后方可继续作业。

4.17.8 保养设备应在停机后进行，严禁在运转中进行维修保养或加油。

4.17.9 操作工离开时，应切断电源，锁好闸箱。

4.18 混凝土工

4.18.1 材料运输

(1)搬运袋装水泥时,应逐层从上往下阶梯式搬运,不得从下抽拿。存放水泥时,应压碴码放,并不得码放过高,不超过10袋。水泥袋码放不得靠近墙壁。

(2)使用手推车运料应平稳推行,不得抢跑,空车应让重车;向搅拌机料斗内倒砂石时,应设挡掩,不得撒把倒料。

(3)需在马道上作业时,马道应设防滑条和防护栏杆。

(4)向搅拌机料斗内倒水泥时,脚不得蹬在料斗上。

(5)及时清扫落地材料,保持现场环境整洁。

4.18.2 混凝土运输

(1)小车装运混凝土量应低于车厢上沿5cm,通过或上下沟槽时,应走便桥或马道,便桥和马道的宽度不小于1.5m,途经的构筑物或洞口临边应设置防护栏杆。应随时清扫落在便桥或马道上的混凝土。

(2)使用汽车、罐车运送混凝土时,现场道路应平整坚实,并设专人指挥,指挥人员应站在车辆侧面。卸料时,车轮应挡掩。

(3)使用井架、龙门架、外用电梯垂直运送混凝土时,车把不得超出吊盘(笼)以外,车轮应挡掩,稳起稳落;用塔吊运送混凝土时,专用吊斗或小车应焊有牢固吊环,吊点不少于4个,并保持专用吊斗或车身平衡。

(4)使用输送泵输送混凝土时,应由2人以上人员牵引布料杆。管道接头、安全阀、管架等应安装牢固,输送前应试送,检修时应卸压。

4.18.3 混凝土浇筑与振捣

(1)在沟槽、基坑中浇筑混凝土前应检查槽帮,确认安全后方可作业。

(2)沟槽深度大于3m时,应设置混凝土溜槽。溜槽节间应连接牢靠,操作部位应设护身栏杆,不得直接站在溜放槽帮上操作。

(3)浇筑高度2m以上的壁、柱、梁、板应搭设脚手架或操作平台。

(4)浇筑人员不得站在模板或支撑上操作,不得直接在钢筋上踩踏、行走。

(5)模板仓内作业时应穿胶靴。

(6)向模板内灌注混凝土时,灌注人员应听从振捣人员的指挥。

(7)预应力灌浆应严格按照规定压力进行,输浆管道应畅通,阀门接头应严密牢固。

(8)混凝土振捣器使用前应经电工确认合格后方可使用。模板仓内照明用电应使用12V低压。浇筑混凝土作业时,操作者应穿绝缘鞋,戴绝缘手套。

(9)振捣器的使用应遵守如下要求:

①检查振捣器安装等是否牢固,软轴连接有无松动现象,是否正转,放置位置是否稳妥牢固;

②振捣器使用中,应经常检查电机及软轴的温度,超过60℃或烫手时,不得继续使用;

③振捣器未接地线、传动部分没有防护罩不得使用,软轴外表有严重磨损或有不正常的声音时,应停止使用;

④振捣器间歇或发生故障,应立即切断电源,拔出振捣器;

⑤施工遇到下雨时,应将电机及电闸盖好;

⑥交接班时,应将振捣器使用的安全情况进行交底,作好交接工作。

4.18.4　混凝土养护

(1)使用覆盖物养护混凝土时,预留孔洞应按规定设牢固盖板或围栏,并设安全标志。

(2)使用电热毯养护应设警示牌、围栏,无关人员不得进入养护区域。电热毯使用时不得折叠、压重物、用金属丝捆绑。

(3)混凝土养护时,应先检查脚手板、扶梯及水管接头等是否安全可靠,胶、铁管横穿马路时应挖沟埋设或采取保护措施;空间穿过时,应保证车辆的净空,明管不得与电线、电缆挨近敷设,在电线附近养护混凝土时,不得用喷枪高射养护。

(4)不得在混凝土养护坑(池)边沿站立和行走,应注意脚下孔洞与磕绊物等。

4.19　混凝土拌和(搅拌)机操作工

4.19.1　应遵守第4.18.1条的有关规定。

4.19.2　混凝土搅拌机应安装在平整坚实的地方,并支垫平稳,长期使用时应搭设防雨、防砸的保温工作棚。

4.19.3　班前应检查机棚内环境和机械是否有障碍物,确认钢丝绳、离合器、制动器和安全防护装置灵敏可靠,轨道滑轮良好正常,机身平稳,确认后方可合闸试车。经2~3min运转,滚筒转动平稳,不跳动、不跑偏、无异常声响后,方可正式操作。

4.19.4　班中应经常观察,发现不正常现象或异常音响应将搅拌筒内存料放出,停机断电,挂“禁止合闸”警示牌后方可进行检查修理。

4.19.5 砂堆板结需要捣松时,应1人操作,1人监护,操作人员站在安全稳妥的地方,并有相应安全措施。

4.19.6 不得将头或手伸入料斗或与机架之间查看或探摸。

4.19.7 料斗提升时,不得在料斗下操作或穿行。清理斗坑时,应将料斗挂牢双保险钩后方可清理。

4.19.8 班后应将料斗落至料斗坑,料斗升起时挂牢双保险钩,拉闸断电并锁好电箱门。

4.19.9 运转中不得维修保养,严禁用工具伸入搅拌机内扒料。若遇中途停电时,应将料卸出。

4.19.10 混凝土搅拌机发生故障时,应立即切断电源。

4.19.11 操作人员进入搅拌滚筒维修和清洗前,应切断电源,卸下熔断器锁好电源箱,并设专人监护。

4.20 混凝土搅拌站操作工

4.20.1 作业前应进行以下安全确认:

(1)搅拌站台结构部分联结应紧固可靠,限位装置及制动器灵敏可靠。

(2)电气、气动称量装置的控制系统安全有效,保险装置可靠。

(3)站台保护接地、避雷装置完好。

(4)输料装置的提升斗、拉铲钢丝绳和输送皮带无损伤。

(5)进出料闸门开关灵活、到位。

(6)空气压缩机和供气系统运行正常,无异响和漏气现象,压力应保持在规定范围内。

(7)操作区、储料区和作业区应设明显标志。

4.20.2 启动搅拌系统后,应先进行空运转,确认搅拌系统正常后,方可自动循环生产。

4.20.3 搅拌系统不得带负荷停机或启动。

4.20.4 作业时应注意观察各个仪表、指示器、皮带机、配料器的供料系统，发现有大块石料和异物时应及时清除，发现异常情况应立即停止生产，遇紧急情况应立即切断电源，并向有关人员报告。

4.20.5 作业时非作业人员不得进入生产区域。

4.20.6 微机出现故障时，应由专业人员维修。作业中不得打开安全罩和搅拌盖检查、润滑，不得将工具、棍棒伸入搅拌桶内扒料或清理。料斗提升时，不得在其下方作业或穿行。

4.20.7 在高空维护保养时，应由 2 人以上作业，并系安全带，采取必要的安全保护。遇大风、下雨、下雪等天气，严禁在高空进行维护保养作业。

4.20.8 维护、修理搅拌机顶层转料桶、清理搅拌机内衬及绞刀时，应切断电源，并在电闸箱处设明显“禁止合闸”警示牌，设专人监护。

4.20.9 清除上料斗底部的物料时，应把料斗提升到适当位置，将安全销插入轨道中；清除上料斗内部的残料时，应切断电源且设专人监护。在搅拌机内清理作业时，机门应打开，并在门外设专人监护。

4.20.10 作业后应切断电源，锁上操作室，将钥匙交专人保管。

4.21　混凝土泵操作工

4.21.1 混凝土输送泵应安放在坚实平整的地面，放下支腿，将机身安放平稳。

4.21.2 作业前应确认电气设备和仪表正常，各部位开关按钮、手柄都在正确位置，机械部分各紧固点牢固、可靠，链条和皮带松紧度符合规定要求，传动部位运转正常。

4.21.3 混凝土输送泵管接头应密封严紧，管卡应连接牢固。垂直管前应装不小于 10m 带逆止阀的水平管，不得将垂直管直接接在混凝土输送泵的输出口。

4.21.4 疏通堵塞管道时，应疏散周围人员。

4.21.5 拆卸管道清洗前应采取反抽方法消除输送管道的压力，拆卸时不得管口对人。清洗管道时，操作人员应离开管道出口和弯管接头处。如用压缩空气清洗管道时，管道出口处10m内不得有人员和设备。

4.21.6 作业时不得取下料斗格栅网和其他安全装置，不得攀登和骑压输送管道，严禁把手伸入阀体内工作，严禁在泵送时拆卸管道。

4.21.7 作业后，将液压系统卸压，将全部控制开关回到原始位置。

4.22 混凝土泵车驾驶员

4.22.1 应遵守第4.3.1和第4.21条的有关规定。

4.22.2 混凝土泵车应停放在平整坚实的地方，支腿底部应用垫木支架平稳，臂架转动范围内不得有障碍物，严禁在高压输电线路下作业。

4.22.3 作业前应进行以下安全确认：

(1)搅拌机构工作正常，传动机构动作准确。

(2)输送管无裂纹、损坏、变形，输送管道磨损在规定范围内。

(3)管道连接处密封良好。

(4)料斗筛网完好。

(5)液压系统工作正常。

(6)仪表、信号指示灯齐全完好，各种手动阀动作灵活、定位可靠。

4.22.4 作业中应严格按顺序打开臂架。

4.22.5 作业中不得接长输送管和软管。

4.22.6 臂架不得用作起重工具，软管不得在地面拖行。

4.22.7 泵送作业中，操作者应注意观察施工作业区域和设备的工作状态。

4.22.8 臂架工作范围内不得有人员停留。

4.22.9 作业中不得扳动液压支腿控制阀。如发现车体倾斜或其他不正常现象时，应立即停止作业，收回臂架检查，待排除故障后再继续作业。

4.22.10　泵送作业时,不得跨越搅拌料斗。

4.22.11　风力大于6级(含6级)时不得作业。

4.23　混凝土切缝机操作工

4.23.1　作业前应确认刀片符合安全要求,刀片与刀架联结牢固可靠,安全防护罩齐全有效。

4.23.2　操作人员应站在刀片侧面操作。发动机运转时不得添加燃料。切缝作业时应前进单向切缝,发现异常状况时应立即停机。将刀片对准切缝线,使刀片缓缓切入,注意刻度指示的深度,达到标定值后,应检查切缝深度是否符合要求。切缝机沿导轨或标定直线行走,当遇到较大切削阻力时,应立即升起刀片检查处理。恢复切缝时应稍后于退出位置。

4.23.3　发动机和刀片在停止转动前不得检查和搬动混凝土切缝机。

4.23.4　使用金刚石刀片,切缝前应先打开冷却水,切缝时,若冷却水中断应立即停止切缝。启用新刀片时,需在耐火砖上带水开刀。

4.23.5　电动混凝土切缝机操作人员应戴绝缘手套,穿绝缘鞋,切割机及电缆应绝缘良好。

4.23.6　作业完毕,将发动机关闭并及时做好清洁工作,放在通风干燥处。

4.23.7　切缝机停放或转移时,刀片应置于最高位置,长途运输时,应将刀片卸下。

4.23.8　长期不用,应拆下刀片并悬挂放置。

4.24　砂浆(混凝土)喷射机操作工

4.24.1　作业前确认输送管道无泄漏和折弯,管道连接处紧固密封,铺设的管道有保护措施。

4.24.2　作业时应先送压缩空气,确认发动机旋转方向正确后,方可向喷射机内加料。

4.24.3 作业过程中,混凝土喷射机喷嘴前及左右5m范围内不得有人。

4.24.4 输料管发生堵塞时,应停机排除故障。

4.25 砂浆输送(灰浆)泵操作工

4.25.1 作业前应确认传动部分和料斗格栅网安全。

4.25.2 作业中应注意观察压力表,超压时应立即停机。

4.25.3 故障停机时应打开泄浆阀卸压,压力未降到零时不得拆卸空气室、压力安全阀和管道。

4.26 砂浆拌和(灰浆搅拌)机操作工

4.26.1 砂浆拌和机的安装应平稳牢固,行走轮应架悬,机座应垫高出地面。在建筑物附近安装应搭设防砸、防雨棚。

4.26.2 作业前确认电气设备安全,传动部分、安全防护装置齐全有效后方可试运转。

4.26.3 操作时不得先加足料后再起动,而应先起动,待运转正常后方可加料和水进行搅拌,投料不宜超量。

4.26.4 加料使用的工具应高于搅拌叶,运转中严禁把工具伸进搅拌筒内扒料。

4.26.5 沙子应过筛。如搅拌筒内落入大的杂物,应停机后再检查,严禁运转中伸手捡捞。

4.26.6 发现砂浆拌和机卡住或异常时,应停机断电后再排除故障。

4.26.7 设备运转中不得维修保养,清洗设备时电气设备不得进水。作业完毕,应切断电源,拔去电源插头(销),方可离开。

4.27　石工

4.27.1　一般要求

(1)确认块石无折裂危险后方可人工搬运。

(2)沟槽、基坑内作业前应确认槽帮稳定、无坍塌危险后方可作业。

(3)脚手架未经验收不得使用,验收后不得随意拆改。

(4)放在脚手架上的工具应稳妥。

(5)砌筑作业面下方严禁有人。

(6)脚手架上砍石时应面向外侧。

(7)不得在墙顶上作业、行走。

(8)上下检查井、脚手架和沟槽时应走安全梯或马道。

4.27.2　石料加工

(1)作业前应确认锤头安装牢固,钢钎、钢楔盘头无飞刺。

(2)使锤人与扶钎人不得面对面操作,应与周围人保持3m以上的距离。

(3)破石料时应使用夹具扶楔,不得用手直接扶楔。

4.27.3　石料运输

(1)汽车运输时石料不得高出槽帮,车槽(箱)内不得乘人。

(2)运输石料应用自卸车。人工卸料时,应确认车箱内石料无滚落危险后方可打开车帮卸料。

(3)人工搬运石料时,作业人员应协调配合。自石垛搬运石料时,应自垛顶向下按45°角逐层进行。

(4)使用手推车运石料时,装卸应平稳,装车时先装后面且不得超载,卸车时先卸前面且车前不得有人;行进应平稳,拉车的绊绳不短于3m,在平道上两车前后间距应不小于2m,在坡道上应根据坡度大小确定,但不小于10m,下坡时拉车人应在车后拉绳。

(5)使用手推车在脚手架上推运石料时,应人工搬卸,不得倾倒。

(6)使用小翻斗车运石料时,装车前应确认车头挂钩牢固。在平道上行进中两车前后距离不小于7m,在坡道上应根据坡度大小确定,但不小于15m。槽边卸石料时,应距槽边1m设置挡掩,沟槽下方不得有人。

(7)垂直运输前,应确认吊具、吊笼、吊斗、绳索等牢固,作业时应服从信号工的指挥。

(8)自槽上向槽内卸石料时,下方区域内不得有人。

4.27.4 砌筑

(1)搬石料应稳拿稳放,待石料摆放平稳后方可松手。质量40~80kg的石料应由2人抬运就位,大于80kg的石料应采用倒链等吊装工具就位。

(2)砌筑石料高度超过1.2m时应支搭脚手架,向脚手架上运石料时不得投抛,脚手架上只能放一层石料且不得集中堆放。

(3)保证脚手架稳定和承载力满足要求。

(4)坑沟上面堆放的材料的数量与沟边的距离,应严格遵守施工要求的规定,不得随意增加数量和变化位置。

(5)在基坑底作业时,应经常观察坑壁情况,如有塌方迹象,采取有效措施后再进行施工。

4.28 普工

4.28.1 人工挖土

(1)作业前应了解地下管线、人防及其他构筑物情况和具体位置,作业中应避开管线和构筑物。在电力、通信电缆2m范围内和燃气、热力、给排水等管道1m范围内挖土时,应在主管单位人员的监护下进行。地下构筑物外露时,应按要求进行加固保护。

(2)不得在脚手架底部、构筑物近旁进行影响基础稳定性的开挖沟槽(坑)作业。槽、坑、沟与建筑物、构筑物的距离不小于1.5m。

(3)开挖槽、坑、沟深度超过1.5m应根据土质和深度情况放坡或加可靠支撑,深度超过2m应在周边设两道牢固护身栏杆,并立挂密目安全网。

(4)槽、坑、沟边(缘)1m以内不得堆土、堆料、停置机具。

(5)槽、坑、沟应设置人员上下坡道或安全梯,不得攀登固壁支撑上下,或直接从沟、坑边壁上挖洞攀爬。

(6)人工开挖土方,两人横向间距不小于2m,纵向间距不小于3m。不得掏洞挖土,搜底挖槽。

(7)钢钎破冻土、坚硬土前应确认锤顶平整,锤头安装牢固,钎子直且无飞刺。作业时扶钎人应站在使锤人侧面用长把夹具扶钎,使锤范围内不得有其他人停留,使锤人不得戴手套。

(8)从槽、坑、沟中吊运送土至地面应确认绳索、滑轮、钩子、箩筐等垂直运输设备、工具完好牢固,起吊、垂直运送时,下方不得站人。

(9)配合机械挖土清理槽底作业时,不得进入铲斗回转半径范围,待挖掘机停止作业后方准进入铲斗回转半径范围内清土。

(10)隧道内掘土作业不得超挖。发现异常时应立即处理,确认安全后方可继续作业;出现危险征兆时,应立即停止作业,撤至安全位置,并向上级报告。

(11)遇边坡不稳、有坍塌危险征兆时应立即撤离现场,并及时报告施工负责人,采取安全可靠排险措施后方可继续挖土。

(12)挖土过程中遇有古墓、地下管道、电缆或其他不能辨认的异物和液体、气体时,应立即停止作业,并报告施工负责人,待查明处理后,再继续挖土。

(13)间歇时,不得在槽、坑坡脚下休息。

4.28.2　人工回填土

(1)用小车向槽内卸土时,槽边应设横木挡掩,待槽下人员撤至安全位置后方可倒土。倒土时应稳倾缓倒,不得撒把倒土。

(2)取用槽帮土回填时应自上而下台阶式取土,不得掏洞取土。

(3)回填沟槽(坑)应按要求在构造物胸腔两侧分层对称回填,两侧高差应符合规定要求。

(4)人工打夯时应精神集中,两人打夯时应动作一致。

(5)使用电夯前应先确认安全后方可作业。

(6)蛙式夯应由2人操作,1人扶夯,1人牵线。蛙式夯手把应采取有效的绝缘措施,操作人员应穿绝缘鞋、戴绝缘手套。夯机运行时牵线人应在夯后或侧面随机牵线,不得隔夯扔线和强力扯线,夯机不得砸线,电线绞缠、转向或倒线有困难时应停机。人工抬、移蛙式夯时应切断电源,清理夯盘时应停机。作业后应拉闸断电,盘好电线,把夯放在无水浸危险的地方,并盖好苫布。

4.28.3　人工运材料

(1)作业前应确保运输道路平整、坚实、畅通,确保便桥支搭牢固,桥面宽度不小于1.5m,且比小车宽1m,两侧设护栏和挡脚板。

(2)装卸材料应轻搬稳放,不得乱抛乱扔。运砖时应用砖夹子装卸、码放整齐,不得倾倒卸车。从料垛取料时,应自上而下阶梯状分层拿取。

(3)用架子车装运材料应由2人以上操作,保持架子车平稳,拐弯示意,车上不得乘人。

(4)使用手推车运输材料时,在平地上前后车间距不小于2m,下坡时应稳步推行,前后车间距应根据坡度确定,但不小于10m。

(5)卸材料时,前方、基坑下不得有人。基坑边缘卸料时,车轮应挡掩。卸土方和道路材料时,应待车挡板打开后方可扬把卸料。

(6)地上码放砖、砌块、模板的高度不超过1.5m。架子上码砖、砌块、模板不超过3层。

(7)不得将材料堆放在管道的检查井、消防井、电信井、燃气抽水缸井等设施上。

(8)不得随意靠墙堆放物料。

(9)运输大石料、盖板等重物时,应事先确定装卸方法,并设专人指挥。不得抛掷。

人工抬运石料或盖板时，木杠、绳索坚实，捆绑牢固，抬运步伐一致，起落呼应。

(10)装、运、卸路缘石、大方砖等材料时，应按顺序搬运，码放平稳、整齐，卸车时不得扬把倒料。

(11)运输混凝土管时应遵守以下规定：

①作业前应确认机具、绳索安全，并设专人指挥；

②车辆装运管子时，应绑绳系牢，挡掩牢固；

③卸载前应确认管子无滚坍危险后方可松绳卸管；

④基坑边缘放置管子的场地应坚实平整，不得在有坍塌危险的基坑边缘放置管子；基坑边缘码放的管子不得与沟槽平行，管端与基坑边缘的距离不得小于2m，码放高度不得超过2m，并挡掩牢固；

⑤人工推运混凝土管应设专人指挥，运输道路应平整坚实，推行速度不得超过行走速度，上坡道应指定专人备掩木，下坡道应用大绳控制速度，两管之间应保持5m以上的安全距离，管子转向时作业人员不得站在管子的前方或贴靠两侧；

⑥自墙边向外推管时，应在管子靠墙一侧进行牢固挡掩，推管人不得站在管子与墙之间；

⑦人工自管垛向下放管时，应确认底层管的挡掩安全后方可作业，作业时应设专人指挥，放管时应缓慢且前方不得有人，直径大于60cm的管子不得人工放管。

(12)管材的运输、码放还应遵守如下规定：

①放套环、短管等材料，应采取防倾倒的措施；

②起重机装卸管子时应设信号工指挥，起重臂下方严禁有人，在高压线附近作业应保持表4.1.2的安全距离，风力6级以上(含6级)时严禁作业。

(13)运输混凝土时应遵守第4.18.2条的有关规定。

(14)运输砂浆、砖时应遵守以下规定：

①垂直运输物料时应待吊篮停稳且放好别杠后方可取、放物料；

②吊车运砖、砂浆时，装料量应低于料斗上沿10cm；吊物在架子上方下落时，作业人员应躲开；

③装砖时应先取高处，后取低处，分层按顺序拿取；

④运输中通过沟槽时应走便桥，便桥宽度不小于1.5m；

⑤基槽(坑)边1m之内不得堆放物料；

⑥脚手架上堆砖不得超过三层，两根排木之间不得放两个灰槽；

⑦向槽下运砖应使用溜槽，溜槽底部应垫软物，溜放时应协调配合。

(15)运输石料时应遵守第4.27.3条的有关规定。

4.28.4 人机配合

(1)配合起重吊装作业应遵守下列规定：

①吊装前应撤到吊臂回转范围以外；

②作业时，作业人员应服从信号工指挥；

③给易滚、易滑吊物挡掩时，应待吊物落稳、信号工指示后方可上前作业。

(2)配合挖土机作业时，不得进入铲斗回转范围，应待挖掘机停止作业后方可进入铲斗回转范围内作业。

(3)作业人员应站在机械运行前方5m或侧面1.5m以外，机械运行中，不得上下运行。

(4)配合汽车运输作业时应服从指挥，装卸物料应轻搬稳放，不得乱扔。需捆绑的物料应捆绑牢固。作业人员完成指定作业后应站在车辆的侧面。汽车启动后不可攀登车辆。

(5)指挥推土机、压路机、挖掘机、平地机等施工机械转移应遵守下列规定：

①应先检查道路，排除地面及空中障碍，并做好井、坑等危险部位的安全防护，需通过便桥时，应确认安全并经施工技术负责人批准后方可通过；

②行进中应疏导交通；

③作业人员不得倒退行走；

④转移中需要在道路上垫木板等物时，应与驾驶员协调配合，待垫物放稳、人员离开后，方可指挥机械通过；

⑤清扫压路机前方路面时，应与压路机保持8m以上的安全距离。

4.28.5　支搭临时设施

(1)作业中应设专人指挥，分工明确。

(2)应按要求的程序进行作业。

(3)支搭工棚应遵守下列规定：

①安装立柱、板墙和屋架(梁)时做好临时支撑，联结件齐全，联结螺栓牢固；

②安装屋架(梁)和上、下屋面作业时应使用临时支架和马凳；

③传递构件时待上、下方人员接稳后方可松手，不得站在没有联结牢固的构件上作业；

④在石棉瓦屋面上作业时应铺设供作业用的木板，木板上应安装防滑条，不得直接踩踏石棉瓦。

(4)临时设施严禁搭建在高压线下，且应远离危旧建筑物、沟槽(坑)。

(5)围挡结构应部件齐全且联结牢固。

(6)在有社会车辆通行的地段作业时，应设专人疏导交通。

(7)暂停作业时，应确认所支搭的临时设施稳固后方可离开现场。

4.28.6　砍伐树木

(1)作业前应遵守下列规定：

①排除地面和空中的危险物；

②根据环境及风向选择树木倾倒方向，不得倒向墙、桥梁、栏杆、房屋等构筑物；

③确定作业区域，并设专人警戒和疏导交通；

④检查工具和控制缆绳，符合安全要求后方可作业。

(2)作业时应遵守下列规定：

①设专人指挥，作业人员协调配合；

②高处截树枝时应系安全带；

③先截树枝，后伐树干；

④将控制缆绳拴牢拉住后方可锯、砍树干，树林倾倒区域内不得有人；

⑤锯口应与倾倒方向相反。

(3)应及时清理作业区域，待道路上的杂物清理完成后方可解除警戒，开放交通。

4.28.7 拆除构筑物

(1)拆除作业前应做到：

①将建筑物的电力支线切断或者迁移；

②确认所用的机具安全，风镐送风管联结牢固，大锤安装牢固，钎头上无飞刺等；

③拆除作业区应设围档，并设警戒人员防止非作业人员进入作业区；

④确认在拆除物体倾倒和移动线路方向的空中没有线路，或物体与线路有足够的安全距离。

(2)2 人作业应协调配合，多人作业应设专人指挥。

(3)拆除构筑物应按自上而下顺序进行。

(4)当拆除某一部分的时候，应有防止相关部分发生坍塌的安全措施。

(5)高处作业时应站在平台或脚手架上，上、下平台或脚手架应走马道或安全梯，拆除作业区域下方严禁有人。

(6)拆墙时不得挖掏墙根，不得用人工晃动的方法推倒墙体。

(7)拆除旧路面和混凝土、圬工砌体等坚固构筑物应遵守下列规定：

①用风镐拆除时，站立平稳，握牢风镐；

②用大锤、钎子拆除时，扶钎人应使用夹具，使锤人不得戴手套，不得与扶钎人面对面操作；

③及时清除拆下的碎块。

(8)拆除房屋应遵守下列规定：

①拆除屋顶时材料溜放，不得抛扔；

②拆檩木前应将屋架支撑牢固；

③拆除中应保持尚未拆除部分的稳定；

④及时清运拆除的物料，不得在楼板上堆积大量物料。

4.29 空气压缩机操作工

4.29.1 固定式空气压缩机应安装稳固,移动式空气压缩机机组应置于平整坚实的地面,并挡掩牢固。

4.29.2 机械运转时,压力不得超过规定值,发生异常情况应立即停机检查。

4.29.3 储气罐安全阀每半个月应作一次手动试验,安全阀应灵敏有效。

4.29.4 使用压缩空气吹洗零件时,不得风口对人。

4.30 发电机(组)操作工

4.30.1 固定式机组应安装在混凝土基础上。发电机组房(棚)的地面应保持干燥,房(棚)内不得存放易燃易爆物品。

4.30.2 移动式机组运转前应支垫平稳,运转时不得移动,雨季使用时应有防雨设施。

4.30.3 长期停用的发电机组在重新使用前,应检查各部件,并测量绝缘电阻值,确认安全后方可使用。

4.30.4 发电机组运转时,操作人员应经常检查仪表,如发现异常声响、过热等情况时应立即停机检查。

4.30.5 不得在一相熔丝断路时送电。

4.30.6 不得用断合电闸的方法传递信号。

4.31 测量工、试验工

4.31.1 作业时应避让机械,躲开坑、槽、井,选择安全的路线和地点。

4.31.2 搬移仪器时应遵照有关规定,特别是在块石面上或泥泞上下陡坡道路上行走,注意防止滑倒造成伤人或损坏仪器等事故。

4.31.3 测量作业钉桩前应检查锤头的牢固性，作业时与其他人员协调配合。

4.31.4 上下沟槽、基坑应走安全梯或马道，在槽、基坑底作业前应确认槽帮稳定安全后再下槽、基坑作业，进入井、深基坑（槽）及构筑物内作业时，应在地面进出口处设专人监护。

4.31.5 高处作业应走安全梯或马道，临边作业时应采取防坠落的措施。

4.31.6 在道路上作业时应根据现场情况采取防护、警示措施，避让车辆，必要时设专人监护。

4.31.7 需在河流、湖泊等水中测量作业前，应先征得主管单位的同意，掌握水深、流速等情况，并据现场情况采取防溺水措施。

4.31.8 严冬期间需在冰上作业时，应在作业前进行现场探测，充分掌握冰层厚度，确认安全后方可在冰上作业。

4.31.9 进入混凝土蒸汽养护区域测温作业时应走马道或安全梯。

4.31.10 在沥青混合料运输车上测温时应先征得汽车驾驶员同意后方可上车测温。

4.32 油漆工

4.32.1 各种油漆材料（汽油、漆料、稀料）应单独存放在专用库房内，不得与其他材料混放。库房应通风良好并配备足够的消防器材。易挥发的汽油、稀料应装入密闭容器中，在库内不得吸烟和使用任何明火。

4.32.2 油漆涂料的配制应遵守以下规定：

（1）在通风良好的房间内进行。

（2）调制有害油漆涂料前穿戴好与之相适应的个人防护用品，工作完毕后立即冲洗干净。

（3）工作完毕后将各种油漆涂料的溶剂桶（箱）加盖封严。

4.32.3 使用人字梯应遵守以下规定：

（1）高度2m以下作业（超过2m按规定搭设脚手架）使用的人字梯应四脚落地，摆放平稳，梯脚应设防滑橡皮垫和保险拉链。

(2)人字梯上搭铺脚手板，脚手板两端搭接长度不小于20cm。

(3)脚手板中间不得同时2人操作。

(4)作业人员下来后才能挪动梯子，不得站在梯子上踩高跷式挪动。

(5)人字梯顶部铰轴不得站人、不得铺设脚手板。

(6)经常检查人字梯，发现开裂、腐朽、榫头松动、缺挡等不得使用。

4.32.4 在高处作业应系好安全带，安全带应挂在牢靠处且高挂低用。

4.32.5 刷过氧乙烯涂料时应戴防毒口罩。

4.32.6 砂纸打磨时应戴口罩。

4.32.7 在室内或容器内喷涂时应保持良好的通风，喷涂时不得对着喷嘴查看。

4.32.8 作业时喷涂人员感到头痛、恶心、胸闷和心悸等应停止作业，到通风处换气。

5 路基、路面工程专用工种

5.1 压路机操作工

5.1.1 应遵守第4.3.1条的有关规定。

5.1.2 对松软路基及傍山地段进行初压前应勘察现场,确认安全方可作业。

5.1.3 确认压路机前后左右无障碍和无人后才能启动。

5.1.4 多台压路机同时作业时,压路机前后间距应保持3m以上。

5.1.5 压路机上、下坡应提前选好挡位,不得在坡道上换挡。在坡道上纵队行驶时,两机间应保持一定的安全距离。

5.1.6 作业中应经常观察作业环境,避开人员和障碍物。

5.1.7 在道路上短距离行驶时不得超过5km/h。

5.2 推土机驾驶员

5.2.1 应遵守第4.3.1条的有关规定。

5.2.2 推土机上下坡时,其坡度不大于30°,在横坡上作业,其坡度不大于10°,在坡道上应匀速行驶,不得高速下坡、急拐弯。下坡时,应采用后退下行,不得空挡滑行,必要时可以放下刀片作辅助制动。

5.2.3 在陡坡、高坎上作业时,应有专人指挥,不得铲刀超出边坡的边缘。送土终了应先换成倒车挡后再提铲刀倒车。

5.2.4 在垂直边坡的沟槽作业时,其沟槽深度,对大型推土机不超过2m,对小型推土机不超过 1.5m，推土机刀片不得推坡壁上高于机身的孤石或大土块。

5.2.5 推土机在摘卸推土刀片时，应考虑下次挂装的方便。摘刀片时辅助人员应同驾驶员紧密配合，抽穿钢丝绳时应带帆布手套，不得将眼睛挨近绳孔窥视。

5.2.6 多机在同一作业面时，前后两机相距不小于 8m，左右相距应大于 1.5m。2 台或 2 台以上推土机并排推土作业时，两推土机刀片之间应保持在 20 ~ 30cm 间距。推土前应以相同速度直线行驶，后退时，应分先后，防止互相碰撞。

5.3 平地机驾驶员

5.3.1 应遵守第 4.3.1 条的有关规定。

5.3.2 在公路上行驶时，刮刀和松土器应提起，刮刀不得伸出机侧，速度不得超过 20km/h。夜间不宜作业。

5.3.3 刮刀的回转与铲土角的调整以及向机械外倾斜都应在停机时进行。作业中刮刀升降量差不得过大。

5.3.4 遇到坚硬土质需要齿耙翻松时，应缓慢下齿，不得使用齿耙翻松坚硬旧路面。

5.3.5 在坡道停放时，应使车头向下坡方向，并将刀片或松土器压入土中。

5.4 稳定土拌和机操作工

5.4.1 应遵守第 4.3.1 的(5)条的有关规定。

5.4.2 作业前应确认拌和转子防护装置和作业环境安全后方可作业。

5.4.3 作业后，拌和机应停放在平整坚实的地方，并将转子置于地面。

5.4.4 保养、维修转子或更换刀齿和清理设备时，应断电、锁好控制门，挂安全警示牌，经确认并将控制门钥匙交由操作人员，设专人监护；并应将拌和转子用方木垫稳。

5.5 稳定土、石灰粉煤灰类混合料拌和站操作工

5.5.1 应遵守第4.3.1的(5)条的有关规定。

5.5.2 不准无关人员进入控制室。

5.5.3 作业前应确认各部装置完好,螺栓无松动,漏电保护装置灵敏有效,电气设备接地完好。

5.5.4 作业时应设巡检员,发现故障立即通知控制室操作人员。

5.5.5 电气设备应装设防雨、防潮设施。

5.5.6 维修设备或清理搅拌机内、料斗、输送皮带上的物料时,应将控制柜(箱)门钥匙交由操作人员,并设专人监护。

5.5.7 作业后应切断电源,关闭、锁好操作室门窗。

5.6 沥青混合料拌和机操作工

5.6.1 一般要求

(1)沥青罐顶作业前应确认罐顶的安全防护装置,并设专人监护。

(2)不得在回转体附近、放料口下操作、穿行和停留。

(3)检修、养护和清理设备时,应断电、锁好控制门,挂安全警示牌,必要时设专人监护。不得在运行中进行检修、保养等工作。

(4)设备内部维修时的照明电压不超过24V。

5.6.2 具体要求

(1)操作时应遵守下列规定:

①开机准备就绪应发出开机信号,待发出第二次信号后方可开机;

②自动点火设备连续两次点火不成功,应立即停机检修;

③经常与本班及相关班人员保持联系,发现问题及时采取措施;

④作业结束后,应切断电源,关闭燃油总闸门。

(2)巡检时应遵守下列规定:

①听到开机信号后应迅速离开危险部位；
②经常对设备进行巡视检查，发现问题及时和操作工联系并采取相应措施；
③作业前重点检查成品仓斗车钢丝绳，确认符合要求后，方可启动；
④干燥筒内有积油时，应及时与操作工联系，不得点火操作；
⑤人工点火时应按规定程序操作，不得将身体正面对着点火口；
⑥观察燃烧工况时，应距观察孔 50cm 外，并不得将身体正面对着火焰观察孔；
⑦在运行中调整的部位、部件（干燥筒、皮带输送机等），调整作业时应设专人监护；
⑧每周应检测一次皮带输送机的紧急停止装置；
⑨采用装载机供料时，清理料仓应设专人监护；
⑩采用推土机供料时，清理供料口应将料口坡度降至 45°以下，并设置专人监护。

5.7 乳化沥青生产设备操作工

5.7.1 应遵守第 5.6.1 条的有关规定。

5.7.2 作业人员不得直接接触乳化剂、加热的乳液、沥青及其管道。

5.7.3 取样作业时，应缓慢开启取样截门。

5.8 公路沥青操作工

5.8.1 工作前应熟悉沥青的性能和防止沥青烫伤、皮肤过敏。

5.8.2 存放沥青的地方应将场地平整夯实，保持通风良好，不得存放易燃易爆物，不得将沥青盛在开口容器中放入库内。库中应设置灭火器等防火器材，严禁有烟火。

5.8.3 搬运沥青应用手推车或扁担等工具，人工搬运时不得直接接触沥青。在炎热季节的中午，如无特殊防护措施，应停止装卸和搬运沥青。

5.8.4 如用明火烧煮（融化）沥青油，应将沥青桶斜靠在地基墙上，小口朝上，大口朝下，使融化的沥青流入油槽内。

5.8.5 预热时如发现沥青从桶的砂眼喷气流出，应站在安全的地方，斜向用小铁锹铲湿泥涂封，不得在迎面方向进行涂封，也不得用手直接涂封。

5.8.6 预热过程中，随时预防沥青突然喷出伤人，不得站在沥青桶口迎面操作。

5.8.7 放入沥青锅的沥青不能过满，沥青锅周围应有安全防护栏或安全罩，舀沥青时应用长柄勺。

5.8.8 熬炒沥青时，不能超过闪点温度，火不能过急、过大，火苗不能外扬，并经常搅动，发现沥青锅溢油时，应立即熄灭炉火。

5.8.9 不得擅自离开工作岗位。下班或工作完后，应将火彻底熄灭才能离开。

5.9 改性沥青生产设备操作工

5.9.1 应遵守第5.6.1条的有关规定。

5.9.2 供料作业应遵守下列规定：

(1)提升设备严禁载人，不得超载。

(2)不得在提升设备下停留、穿行。

(3)在平台上作业时，不得将身体探出护栏。

5.9.3 操作时应遵守下列规定：

(1)车间内作业时，应启动通风装置。

(2)开机前应对操作盘仪器仪表、沥青上液位开关进行检查，符合要求后方可开机。

(3)启动前应先对电磁阀门手动试验，正常后方可进入自动生产。

(4)不得采取沥青泵反转的方式清理过滤器。

(5)维修沥青搅拌罐前应将罐内沥青放空，待罐内温度降至45℃以下时，方可进罐维修。

5.10 微表处(稀浆封层)摊铺机驾驶员

5.10.1 应遵守第4.3.1条的有关规定。

5.10.2 拖式沥青稀浆封层机驾驶员应遵守以下规定：

(1)开机空运转，确认各部位运转正常。

(2)上料斗下不得停留人员。

(3)输送带打滑时，不得用手拉动。

(4)应随时观察钢丝绳、皮带、离合器和链条是否运转正常。

(5)指挥牵引驾驶员驾驶。

(6)当需长距离或在凹凸不平的路面上运行时,需把摊铺槽卸下,短距离运行时应慢行,且摊铺槽上不得站人。

5.10.3　自行式沥青稀浆封层机驾驶员应遵守以下规定:

(1)主机部分应遵守第4.17条的有关规定。

(2)作业前工作主机应按规定进行空车试运转。

(3)稀浆封层机调头时应将摊铺槽提起,停用时的往返途中,应卸下摊铺槽。

5.11　沥青洒布机驾驶员

5.11.1　应遵守第4.3.1条的有关规定。

5.11.2　沥青灌装作业应遵守下列规定:

(1)灌装沥青时,洒布机的罐装口对准沥青出油口后方可打开截门。

(2)灌装沥青时,应启动循环泵。

(3)沥青灌装不得超载,完毕应将罐装口盖严。

5.11.3　喷洒作业应遵守下列规定:

(1)使用喷灯前确认油管无漏油后方可点火。

(2)加温沥青循环泵时,将汽车油箱用挡板隔开,并备好灭火器。

(3)沥青喷洒管确认连接牢固后方可作业。

(4)喷洒工站稳且上好保险链后方可通知驾驶员作业。

(5)喷洒沥青时,非作业人员应距喷洒范围10m以外。

(6)作业后确认喷灯油管及喷洒管等部位安全后方可驶离现场。

5.12　沥青混凝土摊铺机驾驶员

5.12.1　应遵守第4.3.1(1)条的有关规定。

5.12.2　作业前应确认部件联结正常,安全防护装置齐全,仪表应灵敏、正常。

5.12.3　安装和拆除熨平板时应设专人指挥。

5.12.4 使用燃气加热熨平板时,管道应连接正确且无泄漏。

5.12.5 人工点火的加热装置应使用专用器具,点火时人员应保持一定安全距离,加热时应设专人看护。

5.12.6 自卸车向摊铺机料斗卸料时应设专人在侧面指挥,料斗与自卸车之间不得有人。

5.12.7 清洗摊铺机工作装置应使用工具,清洗料斗及螺旋输送器时应停机,并不得有烟火。

6 桥梁工程专用工种

6.1 钻机操作工

6.1.1 钻孔机械就位后,应对钻机及配套设备进行全面检查。钻机安设应平稳、牢固,钻架应加设斜撑或缆风绳。

6.1.2 冲击钻孔,选用的钻锥、卷扬机和钢丝绳等,应配置适当,钢丝绳与钻锥用绳卡固接时,绳卡数量应与钢丝绳直径相匹配。冲击过程中,钢丝绳的松弛度应掌握适宜。

6.1.3 正、反循环钻机及潜水钻机使用的电缆线应定期检查,接头应绑扎牢固,确保不透水、不漏电;对经常处于水、泥浆浸泡处应架空搭设。挪移钻机时,不得挤压电缆线及风水管路。

6.1.4 潜水钻机钻进速度应根据地质变化加以控制,保证安全运转,每完成一根钻孔桩后应对电机的封闭状况进行一次检查。

6.1.5 冲抓或冲击钻孔的钻头提到接近护筒底缘时,应减速、平稳提升,不得碰撞护筒和钩挂护筒底缘。

6.1.6 钻机停钻前应将钻头提出孔外置于钻架上,不得滞留孔内。

6.1.7 对于已埋设护筒未开钻或已成桩护筒尚未拔除的,应加设护筒顶盖或铺设安全网遮罩。

6.1.8 钻机施工过程中,洞口四周应进行安全防护。

6.2 塔式起重机驾驶员

6.2.1 机上各种安全保护装置运转中发生故障、失效或不准确时,应立即停机修复,不得带病作业和在运转中进行维修保养。

6.2.2 应在佩戴有指挥信号袖标人员的指挥下严格按照指挥信号、旗语、手势进行操作。操作前应发出音响信号，对指挥信号辨认不清时不得盲目操作。对指挥错误有权拒绝执行或主动采取防范或相应紧急措施。

6.2.3 起重量、起升高度、变幅等安全装置显示或接近临界警报值时，驾驶员应严密注视，严禁强行操作。

6.2.4 当吊钩滑轮组起升到接近起重臂时应用低速起升。重物不得自由下落，当起重物下降接近就位点时，应采取慢速就位。重物就位时，可用制动器使之缓慢下降。

6.2.5 起重量、起升高度、变幅等安全装置显示或接近临界警报值时，应严密注视，严禁强行操作。

6.2.6 使用非直撞式高度限位器时，高度限位器调整为：吊钩滑轮组与对应的最低零件的距离不小于 1m，直撞式不小于 1.5m。

6.2.7 操纵控制器时，应从零点开始，推到第一挡，然后逐级加挡，每挡停 1 ~ 2s，直至最高挡。当需要传动装置在运动中改变方向时，应先将控制器拉到零位，待传动停止后再逆向操作，不得直接变换运转方向。对慢就位挡有操作时间限制的塔式起重机，应按规定时间使用，不得无限制使用慢就位挡。

6.2.8 操作中平移起重物时，重物高度至少应高于其所跨越障碍物 10cm。

6.2.9 起吊重物时，不得提升悬挂不稳的重物，不得在提升的物体上附加重物，起吊零散物料或异形构件时应用钢丝绳捆绑牢固，应先将重物吊离地面约 50cm 停住，确定制动、物料绑扎和吊索具，确认无误后方可起升。

6.2.10 起重机在停机、休息或中途停电时，应将重物卸下，不得把重物悬吊在空中。

6.2.11 操作室内，无关人员不得进入，不得放置易燃物和妨碍操作的物品，进入后应及时关门并锁上。

6.2.12 起重机严禁乘运或提升人员。起落重物时，重物下方不得站人。

6.2.13 两台搭式起重机同时进行作业时，应保持两机之间任何部位的安全距离，最小不低于5m。

6.2.14　多机作业时，应避免2台或2台以上塔式起重机在回转半径内重叠作业。特殊情况，需要重叠作业时，应保证臂杆的垂直安全距离和起吊物料时相互之间的安全距离，并有可靠安全技术措施，经主管技术领导批准后方可施工。

6.2.15　动臂式起重机在重物吊离地面后起重、回转动作可以同时进行，但变幅只能单独进行，不得带载变幅。允许带载变幅的起重机，在满负荷或接近满负荷时，不得变幅。

6.2.16　起升卷扬不安装在旋转部分的起重机，在起重作业时，不得顺一个方向连续回转。

6.2.17　装有机械式力矩限制器的起重机，在多次变幅后，应根据回转半径和该半径的额定负荷，对超负荷限位装置的吨位指示盘进行调整。

6.2.18　塔式起重机停止操作后，应选择塔式起重机回转时无障碍物和轨道中间合适的位置及臂顺风向停机，并锁紧全部的夹轨器。

6.2.19　凡是回转机构带有常闭或制动装置的塔式起重机，在停止操作后，驾驶员应搬开手柄，松开制动，以便起重机能在大风吹动下顺风向转动。

6.2.20　应将吊钩起升到距起重臂最小距离不大于5m位置，吊钩上不得吊挂重物。在未采取可靠措施时，不得采用任何方法限制起重臂随风转动。

6.2.21　应将各控制器拉到零位，拉下配电箱总闸，收拾好工具，关好操作室及配电室（柜）的门窗，拉断其他闸箱的电源，打开高空指示灯。

6.2.22　在无安全防护栏杆的部位进行检查、维修、加油、保养等工作时，应系好安全带。

6.2.23　作业完毕后，吊钩小车及平衡重应移到非工作状态位置上。

6.2.24　附着式固定式起重机的基础和所附着建筑物的受力强度应满足塔机的设计要求。

6.2.25 附着时应用经纬仪检查并用撑杆调整塔身的垂直度,偏差不超过2‰。

6.2.26 每道附着装置的撑杆布置方式、相互间隔和附墙距离应符合原生产厂家规定。

6.2.27 附着装置在塔身和建筑物上的框架应固定可靠,不得有任何松动。

6.2.28 风力在4级以上时不得进行顶升、安装、拆卸作业,作业时突然遇到风力加大,应立即停止作业,并将塔身固定。

6.2.29 顶升前应检查液压顶升系统各部件的连接情况,并调整好爬升架滚轮与塔身的间隙,然后放松电缆,其长度略大于总的顶升高度,并紧固好电缆卷筒。

6.2.30 顶升操作人员应分工明确,专人指挥,非操作人员不得登上顶升套架的操作台,操作室内只准1人操作。

6.2.31 顶升作业时,应使塔机处于顶升平衡状态,并将回转部分制动住。不得旋转臂杆及其他作业。顶升发生故障,应立即停止,待故障排除后方可继续顶升。

6.2.32 顶升到规定自由行走高度时应将搭身附着在建筑物上再继续顶升。

6.2.33 顶升完毕应确认各连接螺栓按规定的预紧力矩紧固,爬升套架滚轮与塔身吻合良好,左右操纵杆在中间位置,切断液压顶升机构电源。

6.2.34 塔尖安装完毕后,应保证塔身平衡。不得只上一侧臂就下班或离开安装作业现场。

6.2.35 塔身锚固装置拆除后,应随之把塔身落到规定的位置。

6.2.36 塔机在顶升拆卸时,塔身标准节未安装接牢以前不得离开现场,不得在牵引平台上停放标准节(须停放时应捆牢)或把标准节挂在起重钩上就离开现场。

6.3 门式起重机驾驶员

6.3.1 应遵守第6.2.1~6.2.12条的有关规定。

6.3.2 当吊装的重物接近限位器,大、小车临近终端,大车邻近其他起重机时,应减速慢行。

6.3.3 不得用反向操作代替制动,不得用限拉开关代替停车操作,不得用紧急开关代替普通开关。

6.3.4 应在规定的安全通道、专用站台或扶梯上行走或上下,大车轨道两侧除检修外不得行走。不得在小车轨道上行走,不得从一台起重机跨越到另一台起重机上。

6.3.5 起重机上不得存放无关物品。

6.3.6 作业前,应确认轨道地基无沉陷,轨道上无障碍物。行走时,应确认两侧驱动同步,发现偏移应停车检查、调整。空车行驶时,吊钩应离地面 2.5m 以上。

6.3.7 起吊前、运行线路的地面有人或落放吊装物时,应鸣铃示警。

6.3.8 吊物不得从人员上方越过。吊车行驶时,吊物离周围障碍物的距离应大于 50cm。停歇作业时应将吊物放至地面,不得将吊物悬在空中。

6.3.9 运行时,不同层高轨道上的起重机错车时,上层起重机应主动避让。

6.3.10 起重机运行时,人员严禁上下和检修设备。

6.3.11 起重机运行中突然停电时,应将开关手柄放置到“0”位。吊物未放至地面或索具未脱钩前,操作人员不得离开操作室。

6.3.12 吊运高大物件妨碍操作人员的视线时,应设专人监护和指挥。

6.3.13 作业停止后,应切断电源,锁紧夹轨器,锁好门窗。

6.4 浮式起重船驾驶员

6.4.1 拖航或定位时,应在专人统一指挥下,进行抛锚、紧缆、靠泊等作业,固定停泊后,应将系缆和电缆固定好,电缆应保持一定松弛度。

6.4.2 起吊作业前应确认各传动机构、主要部位螺栓、制动器、锚泊、缆绳、甲板上物件、电气设备和电缆正常。

6.4.3 在起重船的有效半径和有效高度内不得有妨碍物，并经常检查锚泊固定缆绳的紧固情况，防止起吊时船舶走位。

6.4.4 在航道区附近作业时，应显示旗号，要求来往船只减速或改道。

6.4.5 起吊时应按规定手势和信号听从指挥人员指挥。

6.4.6 作业中应注意风浪所引起吊船的颠簸；落钩后，卷筒上最少应保留三圈钢丝绳；在进行繁重作业时，应定点定位起吊，不能经常起落吊臂；起重量已达额定重量时，不得起落臂杆。

6.4.7 进行拔吊作业时，应切实掌握吨位，注意因突然起升所引起船舶急剧倾斜或颠簸；吊着桩锤进行打桩作业时，应防止桩体突然下沉所造成折臂事故。

6.4.8 重船移位时，不得将重物悬吊空中。

6.4.9 作业后应摆正机身，臂杆落到50°左右，挂妥吊钩，进行例行保养，补足润滑油，并将每个控制开关放到零位，切断电源。

6.4.10 经常注意水位及水深变化，以防搁浅。

6.5 施工电梯驾驶员

6.5.1 施工电梯周围5m以内不得堆放易燃、易爆物品及其他杂物，不得在此范围内挖沟、坑、槽。

6.5.2 电梯地面进口应搭设防护棚。

6.5.3 梯笼维修时，若拆下零部件后梯笼的重量低于配重，则应将梯笼锁在导轨架上。

6.5.4 不得利用施工电梯的井架、横竖支撑牵拉缆绳、标语和其他与电梯无关的物品。

6.5.5 同一现场施工的塔式起重机或其他起重机械应距施工电梯5m以上,并应有可靠的防撞措施。

6.5.6 施工电梯安装完毕后应经有关人员检查验收合格方可投入使用。

6.5.7 施工电梯每班首次运行时,应进行空载及满载运行检查,梯笼升离地面1m左右停车,检查制动器灵敏性,然后继续上行楼层平台,检查安全防护门、上限位、前后门限位,确认正常方后可投入运行。

6.5.8 梯笼乘人、载物时应使载荷均匀分布,且不得超载作业。

6.5.9 电梯运行至最上层和最下层时仍应操纵(控制)按钮(停机),不得以行程限位开关自动碰撞的方法停机。

6.5.10 电梯运行中,驾驶员不得做有妨碍电梯运行的动作,应随时观察电梯各部音响、温度、气味和外来障碍物等,发现异常应及时停机检查处理,故障未排除严禁运行。

6.5.11 当双笼电梯的一只梯笼进行笼外保养或检修时,另一只梯笼严禁运行。

6.5.12 施工电梯停止运行后应遵守以下规定:

(1)作业后,将梯笼降到底层,各控制开关扳至零位,切断电源,锁好闸箱和梯门。

(2)电梯未切断总电源开关前,驾驶员不得离开操作岗位。

(3)班后按规定进行清扫、保养,并作好当班记录。

6.5.13 凡遇有下列情况时应停止运行:

(1)天气恶劣:大雨、雪、大风(6级以上)、大雾、电缆及导轨结冰等。

(2)灯光不明、信号不清。

(3)机械发生故障未排除。

(4)钢丝绳断丝磨损达到报废标准。

(5)当护栏、导轨架、附墙架、笼顶有人工作时。

6.6 运梁车驾驶员

6.6.1 应遵守第4.3.1条的有关规定。

6.6.2 运梁台车在梁场停放后，应配合梁场龙门吊或其他方式将梁片吊移至运梁台车上方。

6.6.3 运梁车装梁时，梁片重心应落在台车纵向中心线上，偏差不得超过20mm，在曲线上装梁时，可使梁片中心与台车纵向中心线略成斜交。

6.6.4 梁片落在机动平车上时，梁前端应超出台车支承横梁2～3m，如施工条件限制，可按照规范利用其最大悬出位置，梁片与台车支承间应垫放硬木板或纤维层胶皮，以保护梁片混凝土。

6.6.5 运梁平车载上梁板后，如不立刻启动并运行，则应用卡子卡死平车。

6.6.6 运梁台车运送梁片时，应先试电机制动是否有效，去掉止轮器后方可自行。运梁台车重载速度约为5m/min。

6.6.7 运梁平车重载时只能采用低速挡启动和运行，前后应有人相随，随时注意轨道、梁板的平稳性，以防梁板倾倒。

6.6.8 运梁台车停运时，应及时放置止轮器。

6.6.9 车辆转弯或行驶在坡度较大的路段，应鸣笛使行人及随行人员避让。

6.6.10 运梁平车在桥面停运时，后方应设置挡板或限位器。

6.7 架桥机操作工

6.7.1 每班开动前应进行以下各项检查：

(1)吊钩钩头、滑轮有无缺陷。

(2)钢丝绳是否完好，在卷筒上固定是否牢固，有无脱槽现象。

(3)大车、小车及起升机械的制动器是否安全可靠。

(4)各传动机构是否正常，各安全开关是否灵敏可靠，起升限位及大小车限位是否正常。

(5)起重机运行时是否有异音，若发现缺陷或不正常现象应立即进行调整、检修，不得迁就使用。

6.7.2 吊装前应检查：

(1)操作电机系统是否可靠，各电机、制动器是否灵活可靠，空载情况下是否校验各限位开关和行程开关。

(2)轨道是否平稳可靠。

6.7.3 吊装前应该统一信号指挥；吊装时，指挥人员发出的信号与操作人员意见不一致时，操作人员应该发询问信号，在确认指挥信号与指挥意图一致时，才可开车。有专人指挥多人挂钩时，操作人员只服从吊运前确定的指挥人员指挥，但对任何人发出的危险信号，操作人员应该立即采取相应的措施。

6.7.4 在吊梁板时，应使承载均匀，架桥机所受的负荷不得超过其最大起重量；起升机构的钢丝绳应该保持垂直；同时，起吊和降落做到同步，注意控制好前后端的高度差。吊运过程中，梁板的高度应该保持适当，在吊运梁板上不得堆放物件、工具等。千斤绳与梁板棱角接触部位需加铁瓦，防止起吊中对梁板造成损伤。

6.7.5 在操作过程中，应有专人分别于前后支撑观察和监视，如果发现不正常声音时，应该采取相应措施，并停车检查，排除故障。未找出原因，不能开车。

6.7.6 架桥机在吊运梁板中，如遇电气故障，梁板无法放下时，操作人员应该马上紧急通知下面人员立刻疏散，操作人员才准离开岗位，地面人员应立即将危险区域用绳子围起来，并警戒，任何人不得通过，然后请检修人员检修。

6.7.7 喂梁前应仔细检查主、辅梁导梁以及前支架各部位销子是否锁定，并插上防退销，切记前支撑架撑起油缸到位后不锁销子而加载；检查塞垫、枕木、轨道以及连接板的安装是否符合要求。

6.7.8 喂梁时注意平车或龙门吊与架桥机主横梁台车纵向移动的速度差。运梁平车或者主桁架移动时，运行线路上有人时，应发出警告信号。

6.7.9 操作者在作业中应按规定对下列各项作业鸣铃报警：

(1)起升、降落重物，开动大小车行驶时。

(2)起重机行驶在视线不清处通过时，应连续鸣铃报警。

(3)起重机行驶接近另一起重机时。

(4)吊运重物接近人员时。

6.7.10 操作架桥机时,应合理掌握控制按钮,除两手外,不得将身体其他部位接触控制面板;吊装过程中使用控制按钮操作,不可利用安全装置来停车。操作人员不得离开控制柜,以防止突然情况发生。

6.7.11 架桥机在吊运梁板过程中,如果遇到起升机构制动突然失灵时,操作人员应该立刻发出信号,通知附近人员离开,并迅速按动控制按钮反复起落梁板,并开动小车选择安全地点,把梁板放下,随后再进行检修,严禁任其自由落下,严禁在吊运过程中进行检修。

6.7.12 操作人员应遵守以下规定:

(1)指挥信号有误或者不明确时不吊。

(2)超负荷时不吊。

(3)梁板上有人时不吊。

(4)安全装置不灵时不吊。

(5)能见度低时不吊。

(6)起重钢丝绳滑槽时不吊。

(7)梁板被挂住时不吊。

(8)梁板紧固不牢时不吊。

(9)梁板上有物时不吊。

(10)6级及以上大风天气时不吊。

6.7.13 主梁过孔运行时,前、后摇滚应有专人观察和兼听摇滚电机及其传动机构,如果发现不正常现象或听到不正常的声音时,应该采取相应措施,停车检查,排除故障。并注意整机纵向移时,起重行车应移到最后做配重。

6.7.14 过孔过程中,支撑辅支腿下部前倾,使之与垂直方向的夹角为10°左右;同时,使其在正前方直上而下呈“八”字,垂直倾角为8°左右。辅支腿油缸支撑到位后,应锁上销子方可前移前支架过孔。

6.7.15 无论是上行纵坡还是下行纵坡,均要求每次过孔后调整前支点高于后支点8~20cm。

6.7.16 架桥机定位后任何人不得随意撤除稳固各受力的支撑钢管、葫芦、卡子、缆风等保险设施。

6.7.17 架桥时,应用运梁小车喂梁,不得用龙门吊喂梁,龙门吊与架桥机天车行速应同步。

6.7.18 运梁轨道以及架桥机横移轨道枕木应垫在梁板的中心,不得靠近翼缘板。

6.7.19 每次梁落到位后,应立即稳定妥当,连接板钢筋应焊牢。边梁换钩前,应垫好枕木,打好斜撑,把边梁固定妥后,架设人员才能上去挂钢丝绳、套钩。

6.7.20 吊运作业完毕后,将起重机开到指定地点定位。小车开到边端,吊钩升起,全部控制扳到"零位",切断电源,并清扫擦拭,保持整洁。

6.8 滑模操作工

6.8.1 作业前应对滑模、提升结构进行检查。

6.8.2 架体提升时,应另设保险装置。并遵守以下规定:

(1)爬模的外附脚手架和悬挂脚手架应满铺脚手板或钢板网,脚手架外侧设栏杆,安全网或钢板网。

(2)爬架底部满铺脚手板或钢板网,四周设置安全网或钢板网。

(3)每步脚手间有爬梯,人员应由爬梯上下,进行爬架和附墙架工作应在爬架内上下,不得攀爬模板脚手架和由爬架外侧上下。

(4)为保证爬升设备安全可靠,每次使用前均需检查。

(5)严格按照模板和爬架爬升的程序进行施工模板和爬架,爬升时墙体混凝土应达到规定的强度。

(6)爬升过程中应随时检查,如有相碰等情况,应停止爬升,待问题解决后再继续爬升。

(7)爬升时人员不得站在爬升的模板或爬升的爬架,只许站在固定的用作爬升支承的爬架或模板上。

(8)操作人员应背工具袋,存放工具和零件,防止物件跌落,严禁高空向下抛物。

(9)爬升时,下面应设警戒区,设明显标志,防止人员进入。

(10)检查挂靴、悬挂梁无变形、裂纹现象,挂靴与悬挂梁密贴。

6.8.3 液压系统组装完毕后,应进行全面检查。施工过程中,液压设备应由专人操作,并应经常维护,发现问题及时处理。

6.8.4 模板提升到2m高以后,应安装好内外吊架、脚手架,铺好脚手板,挂设安全网。

6.8.5 混凝土不得用大罐漏斗直接灌入,不冲击模板。振捣时,不得震动支撑杆、钢筋及模板。提升模板时不得进行振捣。

6.8.6 模板每次提升前,应进行检查,排除故障,观察偏斜数值。提升时,千斤顶应同步作业。

6.8.7 施工中发现支撑杆有弯曲变形时应及时加固。

6.8.8 操作平台的水平度、倾斜度应经常检查,发现问题应及时采取措施。

6.8.9 主要机具、电器、运输设备等,应定机定人。

6.8.10 平台上应规定人群荷载和堆放材料的限量标准。材料应均匀摆放,不得多人聚集一处。

6.8.11 墩上养生人员应系好安全带。输水管路及其他设备应拴绑牢固。

6.8.12 运送人员、材料的罐笼或外用电梯,应有安全卡、限位开关等安全装置。

6.8.13 在人员上下及运输过道处,均应设置固定的照明设施。

6.8.14 拆除滑模设备时,应做好安全防护措施。拆除时可视吊装设备能力,分组拆除或吊至地面上解体,以减少高处作业量和杆件变形。拆除现场应划定警戒区,警戒线到建筑物边缘的安全距离不小于10m。

6.9 挂篮操作工

6.9.1 悬臂浇筑采用桁架挂篮施工时,应遵守下列规定:

(1)挂篮组拼后,应进行全面检查,并做静载试验。

(2)在墩上进行零号块施工并以斜拉托架做施工平台时,在平台边缘处,应设安全防护设施。墩身两侧斜拉托架子台之间搭设的人行道板应连接牢固。

(3)应确认使用的机具设备(如千斤顶、滑车、手拉葫芦、钢丝绳等)安全后方可使用。

（4）确认墩身预埋件和斜拉钢带的位置及坚固程度符合设计要求。

6.9.2　双层作业时，操作人员应严守各自岗位职责，并应防止铁件工具掉落等。

6.9.3　挂篮拼装及悬臂组装中，应根据作业点的具体情况设置安全防护设施。

6.9.4　挂篮使用时，后锚固筋、张拉平台的保险绳等应经常检查。底模高程调整时，应设专人统一指挥，且作业人员应站在铺设稳固的脚手板上。挂篮后部各设一组溜绳，以保安全。滑道应铺设平整、顺直，不得偏移。

6.9.5　挂篮行走应缓慢，速度在 10cm/min 以内。风力达 6 级或以上时，严禁行走或其他作业。

6.9.6　如需在挂篮上另行增加设施（如防雨棚、立井架、防寒棚等）时，不得损坏挂篮结构及改变其受力形式。

6.9.7　使用水箱作平衡重施工时，其位置、加水量等，应符合设计要求。给排水设施和方法，应稳妥可靠。施工中，对上述情况应经常进行检查。

6.9.8　在底模荡移前，应详细检查挂篮位置、后端压重、后锚及吊杆安装情况，确认安全后，方可荡移。

6.9.9　滑动斜拉式挂篮施工，应遵守下列规定：

（1）滑动斜拉式挂篮的所有活动铰、销、斜拉钢带等，其材质应经检验，并打上标记。

（2）主梁及其吊梁系统安装后，应进行全面检查，必要时应做加载试验。自行设计、加工的挂篮，首次使用前，应按最大施工荷载进行加载试验。

（3）挂篮安装时或主梁行走到位后，应先安装好锚固和水平限位装置，再安装斜拉带和悬挂底模平台。

（4）在斜拉带安装和使用过程中，应注意检查，保持内外斜拉带受力均衡。

（5）底模和侧模沿滑梁行走前，需将斜拉带和后吊带拆除；用手拉葫芦起降和悬吊底模平台时，应在挂手拉葫芦的位置加设保险绳。

（6）挂篮行走前应检查后锚固及各部受力情况，发现隐患应及时处理。行走时亦应密切注意有无异状，并慢速稳步到位。

（7）浇筑混凝土前，应对挂篮锚固、水平限位、吊带和限位装置进行全面检查。

6.10 船舶驾驶员

6.10.1 船舶在航行前,应检查各部位的机械与设施是否良好。

6.10.2 应掌握和及时了解当地的气象和水文情况,遇有大风天气应检查和加固船舶的锚缆等设施。遇有雨、雾天,视线不清时,应显示规定的信号,必要时应停止航行或作业。

6.10.3 定位船及作业船锚碇后,应在涉及航域范围内设置警示标志。抛锚时,锚链滚滑附近不得站人。

6.10.4 船只靠岸后(或在两船间倒运货物时)应搭设跳板、扶手或安全网,经踏试稳定牢固,方可上下人或装卸货物。

6.10.5 装船时不得超载、偏载,必要时应加配重,调整平衡。卸船时应分层均匀卸载。

6.10.6 打桩船、起重船施工前应了解作业区域的水深、流速、河床地质等有关情况,为船舶行驶、抛锚、定位做好安全准备工作。

6.10.7 抛锚、就位应保持船体稳定。如用两艘船体联结时,应连接牢固,稳定可靠。

6.10.8 使用轮胎或履带吊车在船上打桩、起重作业时,船体应按施工要求进行加固,并在吊车轮胎(或履带)下加铺垫板。

6.10.9 牵引或在旁侧拖带作业船时,严禁超载,牵引(或拖带)用的钢丝绳应联结牢固。

6.10.10 交通船应按规定的载人数量渡运。船上应配有救生设备。船行中途遇有阵风、雨时,乘船人员不得走动或站立。

6.11 预应力钢筋张拉工

6.11.1 一般要求

(1)应按照检测机构检验、编号的配套组使用张拉机具。

(2)张拉作业区域应设明显警示牌,非作业人员不得进入。

(3)预制场施工时应同时对预应力张拉台座以及张拉作业工艺流程进行设计、论证和校核,确保台座和张拉工艺安全可靠。

(4)作业前应确认高压油泵与千斤顶之间的连接件完好且紧固后方可作业。

(5)张拉机具使用前应检验油路、液压阀、接头、锚具等,千斤顶使用时间超过6个月、张拉次数超过200次、在工作中损坏或工作不正常时,应对千斤顶进行检验或更换。

(6)张拉前应检查梁板混凝土强度,注意钢束是否有滑丝、断丝现象,并对张拉用千斤顶与压力表配套检验,以确定张拉力与压力表读数之间的关系曲线,检验时,千斤顶活塞的运动方向应与实际张拉工作状态一致。

(7)张拉时应统一指挥,严格按要求读表。油压不得超过规定值。发现油压异常等情况时应立即停机。

(8)高压油泵操作人员应戴护目镜。

6.11.2　先张法

(1)张拉台座两端应设置防护墙,沿台座外侧纵向每隔2~3m设一个防护架。

(2)油泵应放在台座的侧面,操作人员应站在油泵的侧面。

(3)打紧夹具时,作业人员应站在横梁的上面或侧面,击打夹具中心。

(4)张拉时,台座两端严禁有人,任何人不得进入张拉区域。

6.11.3　后张法

(1)作业前应遵守以下要求:

①张拉作业区,无关人员不得进入;

②确认张拉设备、工具符合施工及安全要求,压力表、千斤顶按规定周期进行检定,锚具、夹片和连接器合格;

③油泵开动时,进、回油速度与压力表指针升降应平稳、均匀一致,安全阀应保持灵敏可靠;

④操作人员确定联络信号,张拉两端相距较远时,应设对讲机等通信工具;两端或分段张拉时,作业人员应明确联络信号;

⑤在张拉端应有安全措施,设置安全挡板。

(2)操作千斤顶和测量伸长值的人员应站在千斤顶侧面操作,千斤顶顶力作用线方向严禁有人。

(3)张拉时千斤顶行程不得超过规定值。

(4)张拉操作中若出现异常现象,应立即停机进行检查。

(5)张拉钢束完毕,退销时应采取安全防护措施。人工拆卸销子时,不得强击;张拉完毕后,对张拉施锚两端,应妥善保护,不得压重物。管道未压浆前梁端应设围护和挡板。不得撞击锚具、钢束及钢筋。

(6)高处张拉时,作业人员应在牢固、有防护栏的平台上作业,上下平台应走安全梯或坡道。

(7)孔道灌浆作业,喷嘴插入孔道后,喷嘴后面的胶皮垫圈应紧压在孔口上,胶皮管与灰浆泵应连接牢固。

(8)堵灌浆孔时应站在孔的侧面。

6.12 潜水员

6.12.1 潜水作业前施工负责人应将下潜任务、下潜环境、工作部位、水深、流速、流向等,向潜水员做明确交代,下潜深度应符合 GB/T 12552 的规定。

6.12.2 在作业条件比较困难的情况下,应在搭设的平台上另备一套潜水装具,并指派一名预备潜水员,以便在必要时下水协助和救援。

6.12.3 夜间潜水作业,除平台上的照明外,还应另装照明度较大的灯具,照在潜水点的水面上。

6.12.4 在寒冷环境作业时,应遵守下列规定:

(1)潜水员应穿保温内衣,双手应擦防冻油、戴手套。

(2)潜水前,供气软管应用压缩空气吹通几分钟,接头部位应用棉垫包裹严密;出水时应用热水管加温排气阀,以防排气阀冻结。

(3)在冰层上入水应凿开确保潜水员安全上下的洞口;水面有浮冰时,供气软管、信号绳与冰块摩擦接触处,应有防割断措施。

(4)潜水员行走的冰面和潜水用梯均应有防滑措施。

6.12.5 潜水作业范围的水面上,不得有其他作业。

6.12.6 潜水员在进行冲泥和吸沙作业时,应在头盔的排气阀上包裹纱布,防止沙粒、污泥等进入排气阀内。

6.12.7 潜水员在水下行进时,应尽量避免在倒塌的物体或杂乱的索具空当内穿越。

6.12.8 在沉井、钻孔桩内作业,应遵守下列规定:

(1)作业时,沉井内的水位应不低于沉井外的水位。

(2)沉井内壁不得有钢筋头、扒钉头、铁线、铁钉等外露,潜水员不得进入刃脚下工作。

(3)潜水员在沉井内吸泥时,不得用手脚触动正在工作的吸泥管头部,吸泥机的开闭由地面电话员提前通知潜水员。

(4)在钻孔桩内作业,桩内泥浆面应高于护筒外的水位;潜水员在护筒底缘以下部位作业时,应有安全防护措施。

6.12.9 水下起吊作业应遵守下列规定:

(1)进行水下起吊作业时,应根据被吊物的特点和当地的水情制订方案。

(2)潜水员应熟悉被吊物的特点、体积、重量、吊点和沉没原因。

(3)在起吊时,潜水员应将沉落物件拴牢,经检查确认拴挂牢固,待潜水员上升出水后再起吊。

(4)打捞沉船、钢结构、圆筒等物件时,潜水员不得在上述打捞物件内穿行,不得进入已有断裂或破损面的船体内。

(5)潜水员不得在水中悬吊的物体上工作或从悬吊物件下穿越。

6.12.10 水下焊接和切割,应遵守下列规定:

(1)潜水员应熟练掌握焊接及切割技术和作业要领。

(2)电焊钳、切割把、电缆等应绝缘良好,头盔外面和领盘上应涂抹或包裹绝缘物质,作业时应带橡皮手套,观察窗下应加装防护镜。

(3)电路应安装保护装置。

6.12.11 水下爆破作业,应遵守下列规定:

(1)潜水员应熟悉爆破器材的性能和引爆的安全操作技术。

(2)根据爆破波及范围,划定危险区,引爆前应派人警戒。

(3)雷管在使用前应做测试,在同一起爆点,严禁使用不同型号的雷管。

(4)炸药包装好后,应由潜水员带下水,不得用绳索下放;炸药包布设完毕,潜水员出水,并躲避到安全地点后,方可引爆。

(5)引爆线路的开关应设专人严格管理,未经负责人许可不得通电。

(6)发生“盲炮”时,应在切断电源 15min 后,再下潜取出。

7 隧道工程专用工种

7.1 掌子面开挖工

7.1.1 开挖人员到达工作地点时，应首先检查工作面是否处于安全状态，并清除虚土、危石，检查支护是否牢固，顶板和两帮是否稳定。

7.1.2 人工开挖土质隧道时，操作人员应互相配合，并保持必要的安全操作距离。

7.1.3 机械凿岩时，应采用湿式凿岩机或带有捕尘器的凿岩机。

7.1.4 站在渣堆上作业时，应注意渣堆的稳定，防止滑坍伤人。

7.1.5 风钻钻眼时，应先检查机身、螺栓、卡套、弹簧和支架是否正常完好；管子接头是否牢固，有无漏风；钻杆有无不直、带伤以及钻孔堵塞现象；湿式凿岩机的供水是否正常；干式凿岩机的捕尘设施是否良好，不符合要求的应予修理或更换。

7.1.6 带支架的风钻钻眼时，应将支架安置稳妥。风钻卡钻时应用扳钳松动拔出，不可敲打，未关风前不得拆除钻杆。

7.1.7 电钻钻眼应检查把手胶套的绝缘和防止电缆脱落的装置是否良好。作业人员应手戴绝缘手套，脚穿绝缘胶鞋，并不得用手导引回转钢钎，不得用电钻处理被夹住的钎子。

7.1.8 在工作面内不得拆卸、修理风、电钻。

7.1.9 严禁在残眼中继续钻眼。

7.1.10 钻孔台车上应设置不低于 1m 的栏杆，逃生绳。钻孔台车进洞时应有专人指挥，认真检查道路状况和安全界限，其行走速度不得超过 25m/min。台车在行走或待避时,应将钻架和机具都收拢到放置位置,就位后不得倾斜,并应制动车轮,放下支柱,防止移动。开挖50m的隧道洞内作业时,应不间断通风。

7.2　瓦斯检查员

7.2.1　在所管辖范围内,瓦斯检查员应熟悉隧道通风系统和瓦斯、防尘、防火设施,负责检查瓦斯浓度、温度及通风、防瓦斯、防尘、防火设施的运行情况,并严格执行有关通风、瓦斯等的规定。当发现通风、防瓦斯、防尘、防火设施中的隐患时,应立即采取措施;当有高瓦斯及瓦斯突出工作面时,瓦斯检查员应坚守岗位,定点检查瓦斯和其他有害气体及温度等;当工作面瓦斯超限时,应按规定及时处理。

7.2.2　高瓦斯与瓦斯突出工作面的瓦斯检查员应在装药前、放炮前、放炮后检查瓦斯,瓦斯检查员不在现场不准放炮,并严格执行交接班制度。

7.2.3　瓦斯检查员应确保检查瓦斯用的仪器在检定有效期内,且按有关要求对其定期调试、校验,发现问题及时处理。

7.2.4　瓦斯检查员应随身携带防爆电筒,严禁用明火照明,不得穿铁钉鞋和易产生静电的化纤衣服作业。

7.3　喷锚工

7.3.1　隧道内作业应设通风换气装置,保持空气流通,并采取降尘措施。

7.3.2　隧道内照明电压应不大于36V。

7.3.3　隧道内严禁吸烟。

7.3.4　喷锚高度超过2m时应在平台或脚手架上作业。

7.3.5　作业前应确认道路、现场环境、管路、接头、压力表及安全阀符合要求。

7.3.6　作业时应经常检查环境及围岩情况,清除松散及危裂的土石料。

7.3.7　作业时应设专人指挥,设专人操作喷射设备。

7.3.8 作业时喷射人员身体不得裸露。

7.3.9 喷嘴在使用与放置时均不得对人。喷射下风向不得有人。

7.3.10 手持喷射器作业时应配备辅助支架,理顺管路,不得碾压、踩踏管路。

7.3.11 喷射作业时应按要求控制压力,如压力表指示超压,而安全阀不开启时,应立即停泵检查,排除故障后再启动。

7.3.12 处理堵塞管路时,应理顺输料管,喷头设专人看护,喷嘴前方及喷射区不得有人。

7.4 隧道衬砌工

7.4.1 随着隧道各部开挖工作的推进,应及时进行衬砌或压浆,特别是洞门建筑的衬砌应尽早施工,地质不良地段的洞口应首先完成。

7.4.2 衬砌使用的脚手架、工作平台、跳板、梯子等应安装牢固,不得有露头的钉子和突出的尖角。靠近通道的一侧应有足够的净空,以保证车辆、行人的安全通过。

7.4.3 脚手架及工作平台上的铺板,应钉铺结实。木板端头应搭于支点上。高于2m的工作平台上应设置不低于1m的栏杆。跳板应设防滑条。

7.4.4 脚手架及工作平台上所站人数及堆置的材料,不得超过其计算载重量。

7.4.5 在洞内作业地段倾卸衬砌材料时,人员和车辆不得穿行。

7.4.6 机械转动部分应设置防护罩,电动机应有接地装置,移动或修理机器及管线路时,应先停电,并切断电源、风源。

7.4.7 安装、拆除模板、拱架时,工作地段应有专人监护。拆下的模板不得堆放在通道上。

7.4.8 拆除灌筑混凝土模板内支撑时,应随拆随灌。当岩层破碎、压力过大地段的支撑不能拆出时,拱圈部分应用预制混凝土柱代替木杆予以拆换。

7.4.9　衬砌用的石料及砌块，应用车辆运送，装卸车或安装砌块时应使用小型机械提升。当砌筑高度在1.5m以下时，允许使用跳板抬运，但跳板应架到与隧道平行的位置。

7.4.10　用石料砌筑边墙时，应间歇进行。当砌筑高度至2～3m时，应停止4h后方能继续砌筑。若墙后超挖过大，回填层应逐层用干(浆)砌料填塞，以免坍塌。

7.4.11　压浆机在使用前应进行检查并试运转，管路连接完好，压力正常，操纵压浆喷嘴人员佩戴护目眼镜及胶皮手套。喷浆嘴应用支架支撑牢固，压浆时掌握喷嘴的人员应注意喷嘴的脱落，并设法躲避；拔取时应在撤除压力后进行；检修和清洗时，应在停止运转、切断电路后，方准进行。

7.4.12　采用模板台车进行全断面衬砌时，台车距开挖面的距离应根据隧道围岩情况定，当围岩较差时应及时施做二衬；台车下的净空应能保证运输车辆的顺利通行。混凝土灌筑时，应两侧对称进行。台车上不得堆放料具，工作台应满铺底板，并设安全栏杆。拆除混凝土输送软管时，应停止混凝土泵的运转。

7.4.13　不得在洞内熬制沥青。

7.5　隧道支护工

7.5.1　隧道各部(包括竖井、斜井、横洞及平行导洞)开挖后，除围岩完整坚硬，以及设计文件中规定的不需支护者外，都应根据围岩情况、施工方法采取有效的支护。

7.5.2　施工期间，现场施工负责人应会同有关人员对支护各部定期进行检查。在不良地质地段每班应设专人随时检查，当发现支护变形或损坏时，应立即整修和加固；当变形或损坏情况严重时，应先将施工人员撤离现场，再行加固。

7.5.3　洞口地段和洞内水平坑道与辅助坑道(横洞、平行导坑等)的连接处，应加强支护或及早进行永久衬砌。洞口地段的支撑应向洞外多架5～8m明厢，并在其顶部压土以稳定支撑，待洞口建筑全部完工后方可拆除。

7.5.4　洞内支护，应随挖随支护，支护至开挖面的距离不宜超过4m；如遇石质破碎、风化严重和土质隧道时，应尽量缩小支护工作面。短期停工时，应将支撑直抵工作面。

7.5.5　不得将支撑立柱置于废渣或活动的石头上。软弱围岩地段的立柱应加设垫板或垫梁,并加木楔塞紧。

7.5.6 漏斗孔开挖时应加强支护,并加设盖板;供人上下的孔道应设置牢固的扶梯。

7.5.7 采用木支撑时应选用松、柏、杉等坚硬且富有弹性的木材,其梁、柱的梢径不小于20cm,跨度大于4m时梢径不小于25cm;其他连接杆件梢径不小于15cm,木板厚度不小于5cm。木支撑应采用简单,直立,易于拆、立的框架结构,并应保证坑道的运输净空。

7.5.8 钢支架安装应选用小型机具进行吊装。

7.5.9 喷锚支护时,危石应清除,脚手架应牢固可靠,喷射手应佩戴防护用品;机械各部应完好正常,压力应保持在0.2MPa左右;注浆管喷嘴不得对人放置。

7.5.10 当发现已喷锚区段的围岩有较大变形或锚杆失效时,应立即在该区段增设加强锚杆;当发现锚杆失效时应增加注浆锚杆,必要时注双液浆,围岩变形超过设计值时应增设钢拱架加强初级支护或待制定更为安全的措施方可继续施工。

7.5.11 当发现测量数据有不正常变化或突变,洞内或地表位移值大于允许位移值,洞内或地面出现裂缝以及喷层出现异常裂缝时,应立即通知作业人员撤离现场,待制定处理措施后才能继续施工。

7.6 (掘进)台车操作工

7.6.1 作业前,应检查各管路的连接,各紧固部位螺母螺钉应拧紧,操纵杆、控制装置及仪表等均应正常。

7.6.2 行走前,应查看场地周围,确认无人及障碍物后,方可按照引导人员指示信号作业。

7.6.3 行走和上、下坡时,应保持操作平稳,不得使机体前后端产生极度摆动。

7.6.4 液压油油温应保持在30~70℃范围内,超过70℃时,应停止行走。

7.6.5 在凿岩和升降平台上作业时,应张开支腿,不得移动机体。

7.6.6　移动钻臂时，应先退回导杆，使顶点离开工作面。钻臂下严禁有人。

7.6.7　作业后，应将台车停放在坚实的安全地带，将导杆和钻臂以行走状态摆成水平位置，各操纵杆置于零位，吹洗台车的外露部分，清除运动部件上的粉尘和碎石，保持台车清洁。

7.6.8　台车上应使用不大于36V的安全照明电压。

7.6.9　台车上应设临边防护措施，悬挂昼夜明显安全警示标识。

7.7　衬砌台车操作工

7.7.1　台车工作前应做以下检查，确认各部符合要求后再鸣号前进：

(1)电源相序和漏电保护装置符合要求，避免台车漏电和电机反转造成逆向行驶。

(2)台车上使用不大于36V的安全照明电压。

(3)钢轨间距符合要求，夹板和枕木完好。

(4)机械制动系统完好。

(5)台车前进方向无危岩和障碍物。

7.7.2　台车行走时，应听从指挥。

7.7.3　台车的起吊机具应符合规定，不得任意更换。起吊前应对各部认真检查，起吊时机具下不得站人，起吊作业中如需拆装支撑杆、链条、螺栓等，应确认起吊机具已起作用后方可作业。

7.7.4　台车立模时，应先将机械制动，作好防护，确保无闲杂人员进入工作区。台车上应设临边防护措施，悬挂昼夜明显安全警示标识。

7.8　隧道排水工

7.8.1　在有地下水排出的隧道，应挖凿排水沟，当下坡开挖时应根据涌水量的大小，设置大于20%涌水量的抽水机具予以排出。抽水机械的安装地点应在导坑的一侧或另开偏洞安装，并用栅栏与隧道隔离。

7.8.2　抽水设备应采用电力机械，不得在隧道内使用内燃抽水机。抽水机械应有一定的备用台数。

7.8.3 隧道开挖中如预计穿过涌水地层,应采用超前钻孔探水,查清含水层厚度、岩性、水量、水压等,为防治涌水提供依据。

7.8.4 如发现工作面有大量涌水时,应即令工人停止工作,撤至安全地点。

8　交通工程专用工种

8.1　交通安全设施安装工

8.1.1　工作前应穿戴安全标志服,并检查和携带劳动工具。在路堑高边坡安装隔离设施时,应规范佩戴安全帽、安全绳索等防护用品;标志杆件和版面安装时,现场应按照既有道路各项规定进行区域标识和隔离,作业全过程应设有专人现场指挥。所有涉及高空作业不得往下或向上抛投各类材料和工具等物件,作业人员不得在现场施工时穿拖鞋、高跟鞋和赤脚、赤膊操作。

8.1.2　工人随车出工时应按规定乘坐,放置好随身工具,车辆未停稳前严禁跳、扒车。

8.1.3　落实对施工车辆进行交通管制,并时刻注意来往车辆。

8.1.4　在悬崖壁下工作时,应时刻注意观察,严防坍方落石伤人。

8.1.5　不得在悬崖陡壁下逗留和休息,不得在桥涵下、大树下、高边坡下休息避雨。

8.1.6　安装时,注意周围行人和车辆等,防止碰撞伤人。往下放物时,下方严禁站人。并有专人值守,注意来往行人和车辆。

8.1.7　应从安全一侧装车,并应防止物品滚下伤人。

8.1.8　安装时,应注意保护公用设施(电缆、架空线等)。

8.1.9　不得随意开动机械;推车装运物料时,应注意平稳,掌握好重心,不得猛跑或撒把溜放。

8.2　机电设备安装工

8.2.1　工作前应检查周围环境,如存在不安全因素,应消除后方可进行工作。

8.2.2 面部朝上作业时,应佩戴防护面罩;使用大锤及手锤时,不得戴手套,锤柄、锤头上不得有油污;打锤时,甩转方向不得有人。

8.2.3 施工机具使用前应进行检查,不得使用已变形、已破损、有故障等不合格的机具;电动工具应接地良好。

8.2.4 应遵守各类机电设备安装规范、技术文件的要求。拆卸的设备零部件应妥当放置;装配时,不得用手插入接合面或擦摸螺孔;取放垫铁时,手指应放在垫铁的两侧。

8.2.5 高空作业支架应在使用前进行检验,高空作业并同时存在立体和交叉安全隐患时,施工现场应设专人防护、看护和指挥现场作业。

8.2.6 作业区域存在交叉通行安全隐患时,应按规定提前标识施工区域,并在作业区域设置围栏或进行有效隔离防护。

8.2.7 夜间和隧道内施工时,除保证有效照明外,作业区域内的各类支架、围栏或隔离设施上还应粘贴反光标志,同时悬挂警示灯。

8.3 公路标志(标线)工

8.3.1 随车出工时,应按规定乘坐,放置好随身工具,车辆未停稳前不得跳、扒车。

8.3.2 在悬崖壁下工作时,应时刻注意观察,严防坍方落石伤人。

8.3.3 不得在悬崖陡壁下逗留和休息,不得在桥涵下、大树下、高边坡下休息、避雨,防止洪水、自然落石或雷电伤人。

8.3.4 往下放物时,下得不得站人,并有专人值守。

8.3.5 作业时,注意周围行人和车辆等,防止碰撞伤人。

8.3.6 从安全一侧装车,并防止物品滚下伤人。

8.3.7 对路面进行划线时,应有专人负责安全管理,并应设置安全标志,以保证车辆、行人和施工的安全。

8.3.8 安装标志时,应注意保护公用设施(电缆、架空线等)。

8.3.9 在进行隧道内标志、标线作业前,应做好如下工作,确认安全后方可作业:

(1)检测隧道内一氧化碳、烟尘等浓度及能见度是否会影响施工安全,当检测的隧道内一氧化碳浓度或烟尘浓度高于规定的容许浓度时,作业人员应及时撤离,并开启通风设备进行通风。

(2)检查隧道结构状况是否会影响作业安全,如有危险,应通知处理。

(3)检查施工信号灯是否准确、明显,按作业区交通控制标准设置相关的渠化装置和标志,指派专人负责维持交通。

8.3.10 在隧道内严禁存放易燃易爆物品,不得明火作业或取暖。

附录 A （规范性附录）特殊时段施工要求

A.1 雨季施工

A.1.1 雨季及洪水期施工应根据当地气象预报及施工所在地的具体情况，做好施工期间的防洪排涝工作。

A.1.2 在雨季施工时，施工现场应及时排除积水，人行道的上下坡应挖步梯或铺砂。脚手板、斜道板、跳板上应采取防滑措施。

A.1.3 加强对施工设备、支架、脚手架和土方工程的检查，及时排水，保持地基的稳定和足够的承载力，防止倾倒和坍塌。

A.1.4 雨季施工时，处于洪水可能淹没地带的机械设备、材料等应做好防范措施，施工人员应提前做好安全撤离的准备工作。

A.1.5 长时间在雨季中作业的工程，应根据条件搭设防雨棚。施工中遇有暴风雨应暂停施工。

A.1.6 雨季要注意观察山体和开挖边坡的稳定，避开山体崩塌和泥石流。

A.1.7 雨季容易产生电线短路，要对施工临时用电线路经常性检查；被雨水淋湿的用电设备，在检查确认未短路并且在干燥情况下才能使用，严禁雨中使用用电设备。

A.1.8 雨季有时有雷电，高耸的建筑、设备等要安装避雷设施；人员不要到危险的地方避雨，必要时应搭设避雨棚。

A.1.9 工地要有专人值守，收集雨情和洪水信息，及时采取预防措施。

A.2 冬季施工

A.2.1 应有专人负责收听天气预报，并公布于众。预报有寒潮到来，及时采取措施，做好安排。

A.2.2 冬季施工应严格执行冬季施工的有关规定，做好保温、防冻等安全防护措施。寒潮到来前，做好防寒、防冻、防滑工作的同时，应做好防风安全防范工作。

A.2.3 大风到来前，应做好防风安全防范工作，现场施工设备的缆风、轨卡、制动装置准备到位。可移动的临时设施或构筑物，大风来临前应进行绑扎固定，遇6级以上大风、突风、阵风或风力对施工作业造成安全威胁时，应立即停止作业，并采取有效安全措施，确保设备及人员安全。

A.2.4 在寒潮期间，应把作业面打扫干净，如有结冰，应铺设麻袋、草袋等防滑物，确认安全后，才能进行施工作业。

A.2.5 对施工现场使用的立梯、扶梯、斜梯、跳板、栏杆等供施工作业人员通行的通道、作业面，在寒潮期间应设置防滑措施；并应经常进行检查和清理保持防滑设施整洁。

A.2.6 施工现场使用的工程机械、机动车辆在入冬以前，对循环水进行检查，检查防冰液是否失效或不足，使用水质是否清洁，在寒潮期间，每天下午下班以前放循环水，预防损坏水箱及汽缸，造成机损事故，影响施工生产。

A.2.7 在寒潮期间，如有结冰雨雪情况，道路比较滑，机动车辆应做好防滑安全措施，在机动车辆后轮胎系好防滑链条，控制车速，保障安全行驶。

A.2.8 进入冬季施工生产前，施工现场的供水管道，消防器材等应提前做好保暖防冻措施，保障正常供水，保持消防器材性能良好，保证施工的需要。

A.2.9 凡在暴雨以及浓雾天气造成视线不良，应停止作业，并做雾雨后的防滑安全防范工作。

A.2.10 冬季防护物资及用品应及时购置储备。

A.2.11 冬季天干物燥，施工现场的主要机械、电器设备、仓库、危险品库、电气焊场所、工棚配电房、办公及生活场所等应列为防火重点部位，应加强防火安全意识及防火安全措施落实。

A.2.12 高空裸露的施工作业场所，要采取封闭、遮挡等防风措施，改善作业环境。

A.2.13 冬季施工在江河冰面上通行时，事先应详细调查冰层的厚度及承载能力。冰面结冻不实地段，禁止通行。结冻不实地段、可通行地段都应设明显标志。初冬及春融季节应经常检查冰层变化情况，以确定可否通行。

A.2.14 大雾天气，应严格执行通航有关规定。

A.3 高温季节施工

A.3.1 应按劳动保护规定做好防暑降温措施。适当调整作息时间，尽量避开高温时间。有条件的应搭设凉棚，供应冷饮，准备防暑药品等。

A.3.2 夏季露天作业的施工现场，根据施工现场的具体条件，可采用活动布幕和搭盖凉棚等安全措施，以减少作业人员的太阳辐射。

A.3.3 夏季温度较高期间，可根据施工生产需要，合理安排劳动作业时间，延长午休时间。在气温较高的条件下，早晚工作、中午休息，避开高温时间作业。

A.3.4 加强劳动保护工作，在露天气温较高环境作业，不得赤身、赤脚作业，以防止太阳辐射。

A.3.5 做好医疗保健，尤其做好高温作业人员的健康检查，对身体不适的人员应调整工作岗位；加强卫生管理，防止食物中毒和肠道传染病发生。

A.3.6 在夏季施工作业期间，应加强清凉饮料供应管理工作，改善职工的伙食和住宿条件，清凉饮料应专人负责，供应到位，防止污染，保障清凉饮料清洁卫生，防止清凉饮料变质。

A.3.7 在夏季施工作业时间，购买和发放必要的防暑降温药品，预防中暑事故的发生。

A.3.8 如发生重症中暑，应立即采取急救治疗或送当地医院治疗并及时上报，组织调查中暑原因，积极采取预防措施，防止重复性中暑事故的发生，保障职工夏季施工过程中的身体健康。

A.3.9 高温期间，加强对有毒有害物质和易燃易爆物品、危险化学品的管理，做好防雷击、防爆燃、防泄漏和设施维护、故障抢险等工作。加强对人员密集场所的消防通道、电器、电路等进行检查。

A.3.10 高温条件下，用电线路绝缘保护容易老化，要经常对电线和电线与用电设备接头部位的检查，防止短路或人员触电。

A.4 夜间施工

A.4.1 夜间施工前必须制订施工方案，落实施工安全措施，经检查验收、批准后实施。

A.4.2 施工现场在居民区附近，夜间施工必须报经有关管理部门批准。

A.4.3 夜间施工时，现场应有符合操作要求的照明设备。

A.4.4 施工住地应设置路灯。大型桥梁攀登扶梯处和车辆及行人通行的道路，应设有照明灯具。

A.4.5 施工中的小型桥涵两侧及穿越路基的管线等临时工程，应设置围栏，并悬挂红灯示警标志。

A.4.6 夜间作业船舶或在通航江河上长期停置的锚船、码头船等应按港航监督部门规定，配置齐全的夜航、停泊标志灯。船舶停靠码头应设照明灯。

A.4.7 夜间施工的现场作业面多、车辆及施工机械作业的，必须有专人指挥。

A.4.8 夜间施工时，项目施工主要管理人员要现场带班作业。

A.5 边通车、边施工

A.5.1 改建工程中，边通车、边施工路段应加强对通行车辆的安全管理，确保施工、交通安全。

A.5.2 改建工程需挖除旧路路基、路面进行重建的路段,在施工路段的两端应竖立显示正在施工的警告标志。标志应鲜明、醒目。标志与施工路段的距离,应根据开挖宽度、路线等级、交通量等情况确定。

A.5.3 拓宽的改建工程,原有道路的路面应先保留,以维持交通。

A.5.4 在拓宽地段,如须在原有道路上运送土石方,应采用机动车辆运输。采用手推车运输时,可划分部分路面,专供手推车行驶。并应做到:

(1)剩余部分路面宽度应保证机动车行车安全。

(2)应用红白相间的栏杆等隔离设施,与机动车行车道隔开。

(3)设专职人员指挥来往车辆。

A.5.5 通车路段的路面应经常清扫干净,防止车辆碾飞土石伤人或雨后泥泞影响通车。

A.5.6 在原有路段上进行降坡改建的工程,有条件的可修建临时便道维持交通,也可在降坡地段半幅施工,另半幅做通车之用。

A.5.7 半幅通车路段,在车辆驶出(入)前方应设置指示方向和减速慢行的标志。同时在施工作业区的两端设置明显的路栏。晚间应在路栏上加设施工标志灯。半幅施工区与行车道之间设置红白相间的隔离栅。

A.5.8 半幅施工的路段不得过长,一般以不超过300~500m为宜。

A.5.9 在单车道维持通车路段上,当路段不长,交通量不大时,可在该路段的适当地点设置车辆会让处;当施工路段较长、交通量较大时,应实行交通管制。每班配置专职人员和通信设备,指挥交通,疏导车辆。

A.5.10 在居民点或公共场所附近开挖沟槽时,应设护栏及搭设跳板供行人通过。夜间应设置照明灯和红灯。

A.5.11 在原地拆除旧桥(涵)重建新桥(涵)时,应先建好通车便桥(涵)或渡口。在旧桥的两端应设置路栏,夜间应在路栏上悬挂警示灯,并在路肩上竖立通向便桥或渡口的指示标志。

A.6 交叉作业

A.6.1 交叉作业前，要制订专项安全生产方案，经项目经理批准后实施；复杂的立体交叉施工，其安全生产施工方案要组织专家评审，报经建设单位批准后实施。

A.6.2 交叉作业的情况下，应对危险作业范围予以明确，并做出必要的安全警示标志。

A.6.3 当交叉作业过程中出现模板拆除、脚手架拆除、大型设备拆除等作业时，应对危险作业范围进行围圈，限制非作业人员进入现场。

A.6.4 交叉作业过程中应有专职安全管理人员现场监督，统一协调指挥，杜绝违章作业、冒险作业等情况发生。

A.6.5 作业过程中，出现上下层间立体交叉作业时，应满足以下规定：

（1）下层的作业位置应在上层高度可能坠落的范围半径之外。

（2）当下层作业位置在上层高度可能坠落的范围半径之内时，则应在上下作业层之间设置隔离层，隔离层应采用木脚手板或其他坚固材料搭设，应保证上层作业面坠落的物体不能击穿此隔离层，隔离层的搭设、支护应牢靠，在外力突然作用时不至于垮塌，且其高度不影响下层作业的高度范围。

（3）上下层同时施工时尽量减少相互干扰。

（4）各层的指挥号令不得相互影响，造成混淆，作业人员应随时保持警惕，对意外情况应及时作出判断和反应。

（5）上层作业时，不得随意向下方丢弃杂物、构件，应在集中的地方堆放杂物，并及时清运处理，作业人员应随身携带物料袋，以便零散物件随身带走。

A.6.6 同一层面交叉作业时，应满足以下规定：

（1）应明确划分各作业面的作业区域，作业面间不重叠。

（2）人员和车辆在作业区内的运行路线，尽量减少交通干扰。

（3）作业区作业时如产生固体或液体飞溅，相邻作业区作业人员要在飞溅区之外作业，必要时要设置隔离栏。

A.6.7 起重作业时，被吊重物经相邻作业区上空时，重物下方人员必须撤离。

A.6.8 复杂的立体交叉作业，施工单位项目部主要负责人要在现场带班。